原価計算制度の回顧と展望

木島淑孝 編著

中央大学企業研究所
研究叢書33

中央大学出版部

は　し　が　き

　ひとの生き様の変化につれて七十歳は稀なことではなくなった．しかし「人生七十古来稀」なる言葉とそのひとを祝う慣習は絶えてはいず，2013年霜月にこの齢を迎えた小生に，教え子たちが叢書という形で祝意を表してくれた．彼らはすべて中央大学企業研究所の研究会チームのメンバーである．研究会チームの名称は「原価計算制度の回顧と展望」であったから，この叢書のタイトルもそのままにした．

　タイトルについては当初いくつかの意見が出た．結局，各研究員の論文のテーマから総合的に判断して，チーム名と同名のものになった．この叢書は7章からなる．そのすべては遠きにつけ，近きにつけ，「原価計算制度」もしくは「制度としての原価計算」に関連している．以下，各章の要約を示して「はしがき」とする．

　第1章は研究会チームの主査であり，結果的に本叢書の編著者となった木島淑孝研究員の「制度と原価計算」である．「原価計算制度」という場合この「制度」の英語表記はsystemを使用している．だが一般に用いられる「制度」は，systemではなく，institutionである．ここで"一般的に"の範疇は，霊長類社会学を"走り出し"とし，哲学，心理学，法学・政治学，社会学，経済学とした．ここで"走り出し"を霊長類社会学としたのは，一方で「制度」は人間社会の固有の「仕組み」であること，他方で人間社会の入り口前の段階でその存在の有無はどうかを模索する魅力を捨てきれなかったことである．ただ霊長類に達しない"生きもの"における本能的属性現象を「制度」とするかについては問題を感じて，これを「制度」から外すことにした．

　その文脈で「制度」にアプローチし，「会計あるいは原価計算における制度とは何か」に迫ろうとした．しかしその過程で「"制度"という言葉は，いかにも容易く使用されているけれども，いかに得体が分からない概念であること

か」ということが理解されただけであった．その研究はさらに進める所存である．その意味で，この小論は小生が構想する原価計算における制度論のほんの序説部分に過ぎないことを告白せざるをえない．本論はいつの日か別の場を借りて展開したい．

　第2章は田代景子研究員の「標準原価計算の原価管理機能への役割期待についての回顧と展望」である．氏は標準原価計算をその生成過程を回顧することから取り上げ，原価管理機能が中心の時代から，その役割期待が低下したとされる現代への変遷を探る．原価管理機能を果たすさまざまな原価管理技法の発達とともに，標準原価計算に与えられる原価管理への役割期待がその地位を低下させているとしたら，現在そして未来においては標準原価計算が果たすべき役割への期待は何なのか？　これが氏の問題意識である．

　氏によれば『原価計算基準』では制定当初より標準原価計算による戦略的原価管理への役割期待についての指摘があったという．原価管理の役割期待の低下の議論の中で，製造環境の変化にともなう直接労務費の低減による原価管理対象の逓減は常に指摘されているところであるが，標準原価計算は製造原価の枠組み内のみならず，営業費への適応拡張もその視野に入れていくべきであると氏は主張する．換言すれば，標準原価管理の役割期待は，伝統的概念での原価管理機能の枠を超えて，戦略的原価管理としての役割期待が指摘しうるとする．

　また組織における情報の共有化は組織内コミュニケーションを促進させるが，標準原価計算への組織的取り組みもまた，組織内での原価管理と原価意識の醸成への取り組みを促進させ，戦略的なアプローチ寄与するものであるとしている．

　本章では標準原価計算の原価管理機能についての回顧として，標準原価の公的機関による原価概念についての規定，原価管理機能の役割期待の低下について再考している．さらに新たな役割期待としての戦略的原価管理としての標準原価計算の役立ちについて検討する．また製造業以外の労働集約的産業への標準原価計算による原価管理の役割期待についても取り上げる．今後の展望として，標準原価計算の新しい役立ちへの提言をし，IFRSや他国との関わりにつ

いて取り上げる．

　第3章は渡辺岳夫研究員の「原価計算システムの影響機能——目標整合性の促進とインタラクティブ・コントロールに関する考察を中心として——」である．氏はここで原価計算システムの影響機能の意義および目的を明らかにするとともに，その具体的な方法を伊丹（1986）の枠組みを援用して整理する．すなわち原価計算システムの影響機能とは，原価目標の設定や原価の測定手続きなどを通じて，組織の上位者にとって望ましい方向に下位者の行動を導く働きのことであり，その目的は大別して下位者の行動の方向づけとその方向へのモチベーションの促進があるとした．氏は紙幅の関係から下位者の方向づけすなわち下位者の行動を組織目標と整合する方向へ促すために，原価計算システムがどのように貢献できるのかについて考察する．

　目標整合性の促進のためには，下位者に対して公式の認識基準（たとえば原価目標など）を付与すること，その認識基準と対照される原価情報をタイムリーに提供すること，下位者が想起する代替案の範囲を組織の最適化の観点から会計的な枠組みを設定すること，そして最後に，組織目標を個人的な目標と同化させるためには組織目標の受容を促さなければならないが，そのためには原価目標の設定にあたって管理可能性原則を遵守することが重要であることを指摘した．しかし新たな戦略やアイデアの創出のためにインタラクティブ・コントロールを作用させたい場合には，管理可能性原則から意図的に逸脱し，組織構造的な責任範囲を越える代替案の範囲や認識基準の設定を行うことも効果的であることを明らかにしようとする．

　第4章は堀内恵研究員の「サービスのコストモデルの試論——配賦計算をめぐるREAの再評価」である．氏は本章でまず以下のことを明言する．REAモデルに基づく会計情報システムを用いる場合には，伝統的な会計システムと比較してより厳格な費用収益の対応が可能になると説明される（McCarthy, 1982; Geerts & McCarthy, 1994; David, Gerard & McCarthy, 2002）が，この説明が合致しない配送サービス（「即時的サービス」）のケースを取り上げ，なぜそれがこのケースに当てはまらないのか，どのようにすればこのケース（の問題）を解決でき

るかを検討してみようとする.

まず REA に基づく配送サービスのモデルとして,配送サービスを資源の獲得および消費の2つの交換プロセスに分解してモデル化する McCarthy (1982) のモデルと,商品の特性の一つであるロケーション変更する変換プロセスとしてモデル化する Hruby (2006) のモデルとを比較検討する.そしていずれのモデルを利用する場合にでも,伝統的な会計システムにおいては発生主義に基づき全額期間費用扱いされてきた配送サービスのコストを配賦計算なしに売上高と個別に対応させることが可能になることを確認する.しかしながら自社のトラックを利用して1回の配送で複数の顧客に商品を届けるような仮想会社 Bill's Bike (以下, BB) のケースにおいては, REA モデルを用いたとしても配賦計算が必要になってしまう問題が発生することを明らかにする.その上で,現在の測定技術環境においてはバリューチェーンにおけるすべての経済資源の利用および消費の捕捉を要求する厳密な REA モデルの適用は困難になること,および測定技術の向上とは異なる(要素である)ビジネス環境が整備(宅配市場の確立)によって(も), BB のケースで見られる配賦問題は解決する可能性があることを論ずる.最後に今後の課題として,価値共創時代における REA モデルの基本的な限界ないし可能性について触れる.

第5章は櫻井康弘研究員の「原価計算制度としての原価計算システム」である.氏はまず原価計算基準における制度としての原価計算について情報システムの側面から検討するとしている.制度としての原価計算は,その計算結果を複式簿記に提供することによって期間損益計算に組み込まれる.同時にそれは,生産活動に関連して発生する原価を勘定に結びつけながら,財務諸表作成,原価管理および予算統制に必要な原価情報を提供する機能を有することになる.

わが国の原価計算基準が 1962 年に制定されて以降,企業の環境は大きく変わっている.企業環境の変化に伴い原価計算は機能的に発展してきている.しかし企業環境の変化の中で多様化する原価計算目的に現行原価計算基準は対応できていない.これまで原価計算基準の改正の議論が多く行われてきたが,現時点までその改正には至っていない.原価計算基準の制定時は,手作業による

原価計算を前提とした時代であって，今日のようなコンピュータに基づいた原価計算の処理は想定されていなかった．その点でも，原価計算基準における原価計算制度は情報技術としての側面を看過することはできないと氏は言い切る．

そこで，制度としての原価計算システムの基本的な性格が多目的一元思考であることを主張する．続けて氏は，原価計算基準の改正に関する議論が原価計算システムに対する管理会計の情報要求が背景にあることを明らかにして，多様な目的を充足するための原価計算システムの構築アプローチについて検討する．最後に近時の原価計算実務の前提となっている今日的な情報システム環境下における原価計算システムについて検討する．とりわけ ERP に見られる原価計算システムの特徴を整理するとともに，その課題についても検討を加えていく．

第6章は岸田隆行研究員の「原価計算制度の管理会計機能」である．近年 IFRS へのコンバージェンスが確定的となり，原価計算基準改正への気運が高まってきている．学界，実務界とも改正の必要性という点ではほぼ一致しているが，改正アプローチに関してはコンセンサスが得られていない．改正においては特に管理会計目的を基準へ含めるか否か，含めるのであればどの程度含めるかが論点となるというのが氏の基本的立場である．

改正アプローチとしては大きく次の3つであるとする．① 現在の基準と同様に基本的には財務会計基準であるが，管理会計目的にも使えるよう配慮する．② 実務における指導的指針となるよう，管理会計目的を強化する．③ 管理会計目的を除外し，純粋な財務会計目的のための基準とする．

③のアプローチは財務会計用システムと管理会計用システムを分離することを主張している．しかし，財務会計機能と管理会計機能は簡単に分離できるものではなく，特に純粋な財務会計機能のみに特化した原価計算制度は考えがたい．また単一目的の原価計算システムを持つことはシステムのコスト・ベネフィットを著しく低下させる．確かに IT の進展は計算コストを低下させたが，情報収集コストはそれほど下がったとはいえず，別々にシステムを組むことは，企業にとって大きなコストとなる．原価計算制度を財務会計目的にも管理会計目的にも使えることは，企業のコスト・ベネフィットを高めている．

②のアプローチでは原価計算制度として組み込めるものであれば，組み込むことは可能であろうが，無分別に管理会計目的の技法を盛り込むことは財務会計側からの批判を招くことになり，困難である．基準として設定すべきはあくまでも財務諸表を作成するための規定であり，啓蒙的な内容は制度に含められる技法を選択適用という形で入れるべきであると氏は主張する．

　IFRSは資産負債アプローチをとり，費用収益アプローチを前提とする原価計算と原則的には相容れないが，IFRSの規定では現在の原価計算をそのまま踏襲するように見える．したがってIFRSに合致するような改正はマイナーな改正で事足りる可能性が高いとするのが氏の判断である．

　また氏は，改正に際しては，管理会計機能のみの理論的な整合性を考えればよいのではなく，財務会計とのバランスおよび実際に利用する企業のコストとベネフィットのバランスを熟慮すべきであるとする．

　最終章第7章は，加藤典生研究員の「原価計算の利用の仕方が原価企画の順機能・逆機能に及ぼす影響——会計の不可視性に着目して」である．氏は原価企画の問題の多くは，原価企画の運用の仕方に起因すると指摘されており，したがって原価計算の利用の仕方いかんによって原価企画の運用効果は変化するという．この点に関しては岡野は一連の研究を通じて，原価計算を含む会計の不可視性という概念に基づいて議論をしている．しかしながらそうした会計の不可視性が，原価企画の各順機能・逆機能にどのような影響を及ぼしているのかに関しては，十分な議論がなされているとはいえないという．

　そこで氏は，会計の不可視性を手掛かりに，原価計算の利用の仕方が原価企画の順機能・逆機能にどのような影響を及ぼすのかを検討する．その結果，原価計算を経営管理や評価に利用する場合には，良くも悪くも原価企画の実施に影響を与えていることが明らかになったとする．具体的には目標原価と見積原価との原価差異が多く算定されることで，その原価差異を埋める活動を行う際に，会計の不可視性により既存の機能，物量数値，技術を見えなくさせていることで，それらに囚われない思考を促し，コスト低減を図れるという順機能的側面を確認できるとした．

それと同時に会計の不可視性が原価企画の逆機能を生じさせかねない状態を作り出していることも確認した．それは，時の経過とともに会計数値に解釈の余地が加わり始め，さらに原価計算が制度化，習慣化されることで硬直化をもたらし，ゲーミングの要素が増す傾向にある．さらにそうしたことに注意が行き届かなくなっているのは，コスト低減余地が枯渇し始めてきたことに関係が深いことは重要な点であることを見出した．

　また最近ではサプライヤーへの原価企画導入の検討が進展しつつあるが，その導入を，不可視性を有する原価計算が阻害している可能性が明らかになったことは非常に興味深いとする．すなわち原価計算が原価企画対象費目の拡大を抑止し，サプライヤーへの原価企画を進めようとする試みを阻害している点が判明したことにより，今後の原価計算利用の再検討はより深く行う必要があるといえよう．氏は最後に会計の不可視性以外の原価計算の有する特徴が原価企画の順機能・逆機能に及ぼす影響についてはほとんど検討しきれていないことを反省する．これは今後の課題としたいとしている．

　各研究者は多忙の中，貴重な時間を割いてこの叢書の原稿を提供してくれた．教え子とはいえそれはかつての関係であり，いまはともに肩を並べる研究者である．しかもそれぞれはそれぞれの価値判断で研究テーマを選択し，その道を上り続けている．その中で「原価計算制度の回顧と展望」という，ある人から見れば黴の生えたテーマを意識して原稿を書いてくれた温情には深く頭を垂れねばならない．しかしながら，小生はそのテーマは常に斬新さを帯びていると思っている．新しいものだけが価値があるものではない．新しい研究だけが真の研究ではない．いつもそう思っている．執筆された研究者は，明日からまた元の道に戻り，自分が選んだ遥かなる頂を目指して，功を急ぐことなく，緩やかな歩を進めてくれることを願う．

2013年11月23日

編著者　木島淑孝

目　次

はしがき

第1章　制度と原価計算
木　島　淑　孝

1. はじめに……………………………………………………………… 1
2. 「制度」の属性 ……………………………………………………… 2
3. 会計学における「制度」…………………………………………… 17
4. まとめ………………………………………………………………… 24

第2章　標準原価計算の原価管理機能への 役割期待についての回顧と展望
田　代　景　子

1. はじめに……………………………………………………………… 27
2. 標準原価概念の規定………………………………………………… 28
3. 標準原価計算の原価管理への 役割期待の低下についての認識………………………………… 31
4. 標準原価計算の原価管理への新たな貢献への模索………… 32
5. ホスピタリティ産業の発展と原価管理…………………………… 39
6. 間接材への標準原価管理の貢献可能性…………………………… 40
7. まとめにかえて──諸外国との調和……………………………… 44

第3章　原価計算システムの影響機能
　　　　——目標整合性の促進とインタラクティブ・コントロールに関する考察を中心として——

渡　辺　岳　夫

1．はじめに………………………………………………………… 49
2．影響の機能と目的……………………………………………… 50
3．認識基準に対する影響の方法………………………………… 52
4．情報に対する影響の方法……………………………………… 54
5．代替案に対する影響の方法…………………………………… 56
6．個人的目的に対する影響の方法……………………………… 59
7．代替案への影響とインタラクティブ・コントロール……… 62
8．ま と め………………………………………………………… 66

第4章　サービスのコストモデルの試論
　　　　——配賦計算をめぐるREAの再評価——

堀　内　　　恵

1．はじめに………………………………………………………… 71
2．配送サービスのREAモデル ………………………………… 73
3．仮想会社Bill's Bikeと配送サービス………………………… 79
4．議　　　論……………………………………………………… 86
5．ま と め………………………………………………………… 88

第5章　原価計算制度としての原価計算システム

櫻　井　康　弘

1．はじめに………………………………………………………… 93
2．原価計算基準の基本的性格…………………………………… 94
3．原価計算システムの構築方法………………………………… 96
4．原価計算における管理会計機能の拡張……………………… 98
5．統合システム環境下における原価計算システム…………… 103
6．ま と め………………………………………………………… 107

第6章　原価計算制度の管理会計機能

岸田　隆行

1．はじめに……………………………………………………… 113
2．「原価計算基準」改正の方向性 ……………………………… 114
3．原価計算システムのコスト・ベネフィット………………… 119
4．実際原価計算制度の管理会計機能…………………………… 122
5．現代の製造環境と標準原価計算制度………………………… 123
6．管理会計機能を強化するアプローチ………………………… 126
7．IFRSの「原価計算基準」への影響 ………………………… 128
8．ま と め……………………………………………………… 131

第7章　原価計算の利用の仕方が原価企画の順機能・逆機能に及ぼす影響
──会計の不可視性に着目して──

加　藤　典　生

1．はじめに……………………………………………………… 135
2．原価計算(会計)の不可視性とその利用上の注意点………… 137
3．会計の不可視性が原価企画の順機能に及ぼす影響………… 140
4．原価企画の逆機能…………………………………………… 144
5．会計の不可視性が原価企画の逆機能に及ぼす影響………… 149
6．ま と め……………………………………………………… 154

第1章　制度と原価計算

1. はじめに

　ひとは「制度」という言葉を簡単に使用する．「制度って？」と問われると，的確な説明ができない．それが普通である．広辞苑によれば「制度」は「制定された法規．国のおきて．社会的に定められている，しくみやきまり」としている．日本語大辞典では「社会的行動様式・社会的規範などが，一定の組織的形態をとったもの．慣習・伝統・因習・規則・法律やさまざまの社会的仕組みなど．社会の秩序を維持する機能をはたす」としている．ここで見る限りは，国語辞典であっても，「制度」についての説明は，前者は簡潔・狭義的・限定的な説明で終わっている．後者は説明用語の"社会的行動様式"とか"社会的規範"とか"社会的仕組み"あるいは"社会の秩序"という意味を先行的に知得していることを条件として初めて理解しうる．つまりこの次元でさえ「制度」の概念は"ゆらぎ"を見る．

　「制度」なる熟語を構成する「制」は"樹木に茂る枝葉を剪定することによって，その樹木の"幹"自体（重要部分）を守ること"を意味する．他方，「度」は「席」という文字から発し，「席」の部首「巾」を省いた省字と「又」から成立したものであるという．この「又」は「手」を意味するから，「度」は"席をひろげる"意となり，ひいてそれは"土地の面積を度って，民を居たらしむ"なる意をもつという．つまり，どれだけの人を生活させるには，どのくらいの面積が必要であるのか，その適切な面積を決めることが，人の集団を適切に形成する基本的基礎となる．その集団を形成する指導者（権力者）は，その義を把握することに長けた能力をもっていなければならない．これが「制度」の字

義的な原点である．

　人は「制度」と共存することによって生活をしている．そこにおける「制度」には，国家，地域集合体，家族，乗り物，学校，電話などの「形態的制度」もあれば，会議，授業，法，規範，慣習，言葉，生息などの「行動的制度」もある．そのどれを挙げても「制度」たりえないとする理由は指摘できない．逆説的にいうと，人の生きるための「すべての行為」はすべてその限りで「制度」ということになる．いわば制度概念は捉えどころがない．

　その中にあって，我々がこの本論のテーマとする原価計算という文脈における「制度」なる言語は，その裏面で"制度とは認められない"原価計算をも意識させる．この「制度」が特殊な意味をもつものであれ，普遍的な意味を持つ「制度」の流れの一端であるとしうるものであれ，その結末に到達するには，広範な概念としての「制度」の属性から入る必要があると思われる．

2．「制度」の属性

　「はじめに」で触れた「制度」は，いまだ一般的概念の域を出ない論議である．これから我々は専門領域に足を若干踏み入れることによって，各領域の「制度」がいかなる特質をもっているかを観察することにする．だがそれを十分に行うには，与えられた紙幅と時間からすると不可能に近い．それは別の機会に譲らねばならない．

　その意味で，ここでは，いくつかの領域から，いくつかの「制度」の基本的属性を拾ってみることにしたい．そうした渉猟から得た理解を原価計算領域に収斂することで，原価計算の文脈における「制度」を探りたい．

(1)　「制度」という言葉

　すでに述べたように日常的に日本語で「制度」という言葉を用いたときでも，その内実は捉えようがないほど混沌としている．英文での「制度」の標記は institution なのか，convention（因習）なのか，custom（慣習）なのか，ある

いは system（組織）なのか．結論からいえば institution が圧倒的である．反対に system で「制度」を表記する例はほとんどない（しかし会計あるいは原価計算では，これを「制度」の表記とすることが普通である）．convention や custom は，「制度」（institution）の下位要素の名称に用いられることが多い．

　Institution という概念は，日本語の「制度」にくらべると広い意味を持つ．それは，日本語での"法規"という意味以外に，慣行，慣例，機序（メカニズム），因襲，約束，ならわし，癖などの意味も包摂している．それにくらべて，convention は，取り決め，約定，規矩，慣習法に近似する用語であり，慣例，慣行，慣習，因襲，約束事，伝統的手法といった意味も包摂する．日本語で「制度」を用いるとき，この convention を「制度」と同義語として使用する例を頻繁に見る．これは，自己あるいは他の個体とともに生息していく，つまりは共存していくための方便（「やり方」）に昇華し，やがて集合（たとえば社会）の力となっていくのを見る．これに対して custom は慣習を越えて「合意」あるいは「共通利益の一般感覚」の意味も含むと考えられる．それゆえこれは経済社会における「制度」を考えるとき有意味となる．

　いずれにしてもそれら三者は観念的属性の色彩を濃くするが，これが人間にせよ人間以外の動物（以下，単に"生きもの"という）にせよ，それが行動という態様に定着することによって初めて現実的な意味をもつことになる．それは具象的属性という色彩への変化を意味するが，一挙にその色彩変化が達成されると考えることは適切ではない．

　その介在項として practice（実践）が位置づけられることになる．それは行為とか行動の集積を意味する．この practice の介在を経て到達する具象的属性は，平易にいえばそれは人類学では「なんとなく，なぜか，いつもそうしている」という convention の行為的側面の具象図であり，霊長類学では相互作用（interaction もしくは interactive-behavior）となって具現する．

　「制度」を考察する場合には，「制度」から「逸脱」したことに対する逆反応としての制裁（sanction）がある．それにはその具象形態としての処罰行為（penalty）が思考される．これへの配慮があって「制度」の全容が描かれるの

である．

　その全容も"生きもの"の集合体ごとにさまざまな形をとる．それは人間以外の"生きもの"にも観察されるから，その意味での「制度」は単体としてのひと（したがってひとの集合体としての人間社会）に固有のものではない．精確にいえば「制度」は，ひとから見て本能的であれ行動判断意識をするすべての生きものの集合体にも存在する．この場合の「制度」は，ニホンザルやチンパンジーなどの霊長類世界（集合体）から離れた世界，たとえばライオンやアフリカ象などの世界にも存在している．人間がその世界をある程度長期的に観察した場合知覚しうる現象から，認知する意味での「習性」が「広義の制度」となる．それは，外在的観察者からすれば，本能とか習性から発した具象を「制度」として観念する，いわば"現象的制度"であって，その主体自体は意識していないで，客体だけが認知できる制度である．言い替えれば"言葉によって表現する必要がない制度"である．その世界でもそこに現れる習性からの逸脱があれば制裁を受けることになる．この状況は我々が直接的あるいは間接的に観察しうることである．一般に「制度」を我々が云々する場合，「言葉によって表現された制度」を考慮の対象としていることが多いから，「広義の制度概念」としてあえてここで"現象的"的制度について触れておいた．

(2) 霊長類社会における「制度」

　人間に最も近い生きものはニホンザル，チンパンジー，ゴリラ，オランウータンなどの霊長類である．この霊長類の集合体は霊長類社会と表現される．その集合体は人間社会に近いものとして理解されている．そこで観察される「制度」は，その集合体自体において意識的に存在し，それからの逸脱はより厳しい制裁を受けることになる．同時にこの「制度」は，その道の専門家としての研究者（人間）が，たとえばニホンザルの行動現象から"観察する"あるいは"推定する"事柄に限られた形で認識される．ニホンザルの集団行動から観察される過程の中で，そこから観察者が"期待する"特定の行動パターンが顕著な現象となる．だがそれは，より正確に言えばニホンザル社会において，観察

者（人間）が一定の先行的目的を維持するフレームワークのもとで，ニホンザル自体が示す「観察者の期待」に応じた「行動現象」を観察者が反復的に観察したとき，それが観察者の立場からすると「制度」として観念されることになる．

　ここに「行動現象」は"単発的な行動"ではなくて"反復的な行動"としてよく観察されるから，霊長類世界では特に顕著となる現象である．これはその霊長類独自の言語によって個単位としてのニホンザルが認識する「慣行」であるかもしれないが，その是非は霊長類学研究の今後の成果を待つことになる．しかし，いずれにしてもそこで観察される「慣行」は，ひいてそこに限定されたニホンザル社会に生きる個単位が安全に生息し続けるための「仕組み」を維持することであり，これを守らなければ「制裁」が加えられることをニホンザル個々の単位は経験から知覚している．これはニホンザル集団に内在的に成立する「制度」でもあるし，その集団の外にある人が認知した「制度」でもある．かくて「制度」は，これを広義に解した場合，前述したように，人間固有の概念ではなく集団（社会）行動をとる生きものであればどこにでも見出される関係枠であることを確認しうる．

(3)　人的社会における「制度」の芽生え
1)　人的社会の「制度」の基礎について

　本章のテーマである「制度」の本質は，人間社会以外に見ることができる内容をもちながらも，"言葉によって表記されない制度"までをも言及するつもりはない．そこに触れたのは，「制度」概念の基本的な属性を理解するためであった．われわれが課題とする「制度」は"言語によって表現されている"条件を満足する「制度」である．その「制度」には，フォーマルなものもあるし，インフォーマルなものもある．音声に留まって表現されるものもあれば，言葉によって初めて概念づけられるものもある．そしてまた習性からは離脱しない次元のものであれば，規則的・法律的に表現されるだけのものもある．その意味で多様である．

その上に立って「制度」についての一般的な表現を見れば，それは「人間行動の定型化された様式（型）」と表現し直せる．それは「人間社会」において，そこに生息する「ひと」が守るべき「生活慣行」を意味するとも換言できよう．その前提はさまざまな「ひと」が形づくる網目たる人間社会である．そこでは暗黙裡に「制度」が「ひと」との関係で認識されることを意味する．そして当該社会でそれらの「ひと」が遵守する「生活慣行」は，善良な各「ひと」がそこで平穏に生活できる「仕組み」を内容とし，その背後にはこれに抵触した行為には「制裁」が伴うことを暗示するのである．この「仕組み」はより固い表現をすれば「規則」となる．

　狩猟時代に「ひと」が生きることは，日の出とともに狩猟のために野山を彷徨し，日の入りとともに家族の待つ住居に戻り，獲物を分かち合って食べ，その日を終えて，眠りに就く．その繰り返しで命をつないだ．狩猟時代の男はこの行動様式を慣行とし，これを全うしえない男は家族を失い，自己の死を迎えた．それがこの時代の「制度」であった．

　農業時代を迎えると生活様式は穀類の生産と貯蔵となった．その慣行のもとで家族は生きた．これがこの時代の「制度」であった．その能力をもたない者は家族を失い，自らの死を迎えた．同時に「ひと」は"蓄え"を会得した．"蓄え"の術をしらない者は，他者の"蓄え"を奪った．"盗み"である．自己の利のために他者の利を奪う行為から紛争が生じた．それは「ひと」の安寧を損なう最大の要因である「制度の逸脱行為」である．この不合理を回避するために，この非合理的行為を防ぐ「仕組み」が集団合意としてつくられる．それが「規範」あるいは「規則」である．その発展的形態が法制度である．それは確固とした社会的制度となる．その後の工業化社会，情報化社会における流れについてはさらに云々する必要はない．

2）再び，規範，規則，そして制度について

　「制度」を考察するに際して欠くことができない「規範」および「規則」について，人間社会をベースにして再び言を付しておきたい．ここに「規範」とは「特定の人間社会のすべての個々人が，自己および他人が一定の内容事項を

遵守することを期待し合うこと」をいう．「規則」とは「特定の人間社会の個々人のすべてが，自己および他人が遵守することを期待する内容事項」をいう．

両者を平易に表現し直せば，「規範」は人間社会を構成する個々人の内側に存在して自らの判断・評価・行為などが拠るべき"基準"となるものである．これに対して「規則」はこれを遵守する者の集合体の外部的位置からそこに属する集団の行為の秩序や統制を維持するために設定する"きまり"である．したがって「ひと」においては，両者は内在的な自発的期待か，外在的に与えられた決まりごとかの違いでしかないことになる．この両者が絡み合いながら「制度」に昇華すると考えられるから，「制度」は「人間社会自らが，自らの安泰的生活を維持するために秩序や統制を守ろうとする基準」でもあり，「持続的に存続している人間社会における"きまり"」でもあるから，それは「規範の複合体」としても「規則の複合体」としても，また「両者の複合体」としても位置づけられるフレームワークであるとしうる．

ここにいう「持続的に存続される」あるいは「その社会における秩序と統制」は，現在の文明を基礎とした国，市町村，軍隊，企業，学校，家族，夫婦，その他のすべての集合関係において必然的な存在となる．また前述の「期待する」の対象は，文化的，つまり経済学的な関係，法律的な関係，社会的な関係で獲得された"何か"であることは当然であるが，遺伝的もしくは準遺伝的に先天的に内在する"何か"であっても，倫理的もしくは宗教的に事後的に刷り込まれた"何か"であってもかまわない．

「制度」が「規範」あるいは「規則」と深く関係した概念であるとすれば，その人間社会に共存する単体としての「ひと」が他者の期待に沿わない行動を起こしたとき，あるいはその行為によって何者かの期待が裏切られたときには，その行為は「逸脱」として認識され，それを契機として「制度」がより強く意識されることになる．つまり通常は善意の「ひと」の行動では，「制度」は強く意識されないのである．この例は，善人はいつも法を意識せず，悪人は常に法を意識していることに現れている．

「逸脱」があったときは波風が生じる．それは，僅かな不満として現象する

こともあれば，戸惑いもしくは驚愕として現象する場合もある．時にはより激烈な形の現象，憎悪，軽蔑，村八分，断絶として，極端には殺意（死刑）として具現化する（この現象は人だけでなく霊長類でも，その他の生きものでも例外ではない）．その場合発生するトラブルを個人的なものつまり主観的なレベルから，社会的なものつまり客観的レベルで処理する方途が「規範」あるいは「規則」という形の「制度」となる．

別途，人間は長い幾重の思考的経験から，それを「規則」レベルまで昇華させる方途を回避し，そうした不合理を避ける術を見出してきた．それは「お天道さまが見ているよ」という言葉が，その行為が社会的というより人間個人として行為することの可否の価値基準となっていたのである．それは「規則」よりは「規範」に近い性格のものではあるが，それとは異なって宗教的あるいは倫理的な価値意識の各人への埋め込みとしても理解されるのである．それはやがてその行為を「悪」として先天的に観念し，善人はこれを自ずと嫌悪したり畏れたりすることになる．これが最広義の「制度」である．

3）「制度」の属性について

制度を人間社会に限定しても，その属性はいくつも挙げられる．まず，フォーマルな「制度」とインフォーマルな「制度」がある．前者には国家，軍隊，企業などがそれに属する．後者には挨拶，家族の営み，通学などがそれに属する．前者は明示化されている「制度」であり，後者は明示化されていない「制度」である．いずれも「制度」である．

制度には，当初から存在する「制度」と目的を機能的に達成するための「制度」がある．前者は非人為的の存在する「制度」である．たとえば親と子の間に共通して示される愛である．後者は一定の目的志向の上に人為的に設定される「制度」である．たとえば「人を殺さない」という信念である．これはやがて「人を殺してはならない」という規制に昇華する．それは後発的な「制度」に過ぎない．しかしこれら両者も「制度」である．

制度は，文化，地理的範囲，宗教，時間などを基軸とした文脈つまり共通性により限定される「制度」と，それらの共通性には無関係に存在する「制度」

とがある．前者の事例は憲法をはじめとする法体系であり，後者の事例は経済行為である．それらの「制度」のうちに潜む可変性や内生性は絶対普遍の属性ではなく，前記の諸条件，文化，地理的条件，宗教，時間などの制約によってさまざまな特性を持った「制度」として現れることもある．反対に，ものを生産し，これを交換し，それを消費して，その過程で蓄積した財を再投資するか，それとも社会の不特定多数の豊かさのために奉仕することもある．いずれも「制度」である．このように制度は一見して明確であるかのようで，その実極めて不正確な概念でもある．

こうした混沌とした状況において，我々が目指す「制度」に有益な属性区分として構成的制度と規制的制度がある．これについて言及しておきたい．構成的制度とは「行為の新しい形を創造し，定義するような制度」をいう．たとえばあるスポーツ・ゲームの約束事がそれである．つまりはその約束事が無ければ（守られなければ）そのゲームは成り立たないという属性をもつ制度である．さらに具体的な例でいえば「アイスホッケー・ゲームでは，Aチームの選手は，スティックで相手のBチームの選手の身体を故意に殴ってはならない」ということである．この制約を解除することはゲームの中断と乱闘の場を意味することになる．これはアイスホッケー・ゲームを定義するうえで，「すでにある制度」すなわちそれによって影響される行為の主体よりも先駆的に「見出される危険を回避するための制度」を意味する．換言すればこの構成的制度はすでに存在する「制度」すなわちその制度によって影響される行為の主体よりも先天的に見出される「制度」であるといえる．社会学的な「制度」はこれに近い．

これに対して規制的制度とは「アクター（独立した個人）たちの行為を規制する制度」である．交通量のある道路を文脈とした場合，歩行者（アクター）は右側通行をすることを「制度」とすることである．これは交通ルールが誕生する契機が，歩行者側の論理からすれば，歩行者が車から身の安全を確保するための方策としての「制度」であるとも理解できるが，他方で車の運転手側から見れば，先天的に存在する自動車利用者（独立した個人）が渋滞や事故を回避するために自らの行為を規制する「制度」の構築でもあると理解することも

できるのである．換言すれば規制的制度はその「制度」に先行して存在する要素を予想して設定している「制度」である．経済学的な制度がこれに近い．

(4) 哲学における「制度」の特質

哲学の文脈では，「制度」は"これからつくり上げる行為"としての「制度」と，"すでにつくられた行為"としての「制度」の双方を包摂した概念として認識する．前者の事例としては国家予算を見据えての新しい租税政策がこれに該当し，後者の事例としてはその国自体がそれに該当する．

このように哲学の文脈においても，「制度」は「ひと」の「行為」と深い関係をもって捉えられている．そのためにいくつかの特徴が指摘される．「制度」は行為と行為の連接の規範的な枠組みとして観念される．それは実践において知覚された内容という形で体得される．それが継承され，再生産されるという連続的行為過程で，はじめて「制度」として認識されるのである．そこには推測的期待や相互行為が基本として存在するのである．それなくしては「制度」はありえない．

また哲学において意味ある「制度」とされるものは，前に見たように「行為」と「行為」の連鎖が基本となるから，自然的必然性を基本とする構造は取り上げる対象とはしない．そこでの「制度」は意識的な価値判断をもった規範として現象してくる．しかしこの「制度」は特定人の任意の価値意識に基づく意図で容易に変えられるという意味ではなく，たとえば交通ルールは容易に改変可能であるけれども，ひとの命の危険を犯す次元の原理的規範は替えることはできないとされる．

「制度」は本質的に行為の条件という意味をもつから，当該社会の構成員にはすべて熟知されていなければならない．すなわち周知性が徹底されている必要がある．それは逆に，行為者自らの信念に「制度」が支えられていることを意味する．ただしそこにおける周知性は，行為者全員が明示的にその規範を熟知していなければならないことを意味するのではない．暗黙知が底流にあれば済む．

そうした「制度」の文脈で，行為者がその制度社会の中で規約を逸脱する行

為を行った場合，哲学の文脈でもそれなりのサンクション（制裁）が意識されている．そのサンクションの度合いは，当該社会の構成員（それが多数決原理によるか，その社会の一部の権力者によるかは別として）によって決められる．この反動的行為も含んだ形で「制度」の構成が成り立つ．そう考えるのが哲学の文脈のおける「制度」の特質である．

(5) 心理学における「制度」の特質

結論的に言えば心理学の文脈には，その内に「制度」は存在しない．社会学における「制度」は，社会自体が人間を中心とした概念であるから，当然にして人間を中軸に据えた関係枠（ソーシャル・フレームワーク）となる．具体的には学校，会社，病院，議会，地域自治体，国家などが総称となる．この例からしても社会学が観念する「制度」は個々の社会構成員が複合的な努力を重ねて"つくり上げた"結果を意味する．これは社会の細かな単位としての観念が想定できるから，逆に社会はそうした「制度」の複合体として理解される．

この「制度」はその社会を構成する各単位が"生きやすさ"のために"つくった"ものであるが，ひとたびこれが成立するとそれを"つくった"個単位の外側に存在し，逆にその個単位間のインターアクションとか，個単位の行動様式を拘束する機能を果たす状況を見せはじめる．これを制度的行為と呼ぶ．心理学は社会を構成する個単位としての「ひと」を研究の対象とする．その個単位の行為あるいは行動の有り様，ひいては相互作用を拘束するのはこの制度であると考える．つまり心理学の文脈においてはその内に「制度」は認めず，外部にその存在を認め，それによって個単位が直接的な影響を受ける図式をとる．

この制度規範は企業などの同種の単独制度やその集合体たる産業全体に適用されることもある．しかしそれを除けば制度規範は容認される行動や信念についての暗示もしくは明示された社会規範と同質であり，これが「制度」として認識されることになる．より具体的にいえば企業の社長と従業員の役割には一般的にいって別途の期待がなされている．企業の社長や従業員の役割は社長や従業員個人の属性から発する可能性は小さい．社長の地位に就くひとはその能

力を潜在的に有している人間ではないのである．むしろ社長の地位に就いた人はその地位の社会的期待感を満足する行動能力がある「ひと」である．「その地位が社長をつくる」のである．この論理は従業員にも真である．

心理学では，外部にある期待感が内部の地位を決める基準を制度規範（institutional norms）として重視する．これは「制度」がもつ背景が人の行動に決定的な影響を及ぼすもう一つの状況であることを意味している．

(6) 法学・政治学における「制度」の特質

人間社会の核はある意味では政治と経済である．両者の問題の衝突によって「ひと」は争い，戦争に突入し，命を失った．それでも，両者は，特定の価値意識によって目指す経済社会大胆な切り方をすれば資本主義と社会主義の強化を目指し，衝突を繰り返してきた．

その体制は単独では維持されることなく，時として宗教との関わりにおいて，時としては政治体制の維持と絡んで盛衰してきたことは否定できない．その否定できない複雑な絡まりの中で，特定の社会が存立し，そこは「制度」によって維持されようとした．

その維持のために「ひと」は戦争という一見不合理はないと説明される非合理的方法で，大量の命を簡単に奪ってきた．そこでは一定の人々のある価値意識のもとでの人間社会を「善」として，それを彼らの理想型とするか，その実質的リーダーの利益獲得をするためにその与えられた流れを"一致した形で"盛り立てていくことになる．一面からすれば，これを追求することはすなわち政治についての「制度」に他ならない．換言すれば政治学とはこの「制度」を論究することに等しいと思われる．

政治の背後にあって特定の政治を展開していくのに都合がよい裏付けをする「法律」も然りである．政治が永久不変な形に無縁なように，法律も永久無縁ではない．国家法の基本たる憲法にしても，ある期間を経れば変化すべしとの声が挙がるし，挙がった声は時には大きく時には小さく長く継続する．それが権力者から提起されたものもあれば，沈黙を続ける民衆から声なき声で提起されたもの

もある．それらはやがて「制度」としてその社会に意味をもつようになるものもあれば，意味なく消え去るものもある．これが，政治的・法律的制度である．

政治的・法律的制度は常に変更を待つという属性がある．政治は停滞することなく変革の過程にあり，時としては暴力（内戦，戦争，専横的弾劾など）を手段とする革命という形をとることもある．それは常に生々しい利害対立あるいは侮蔑や憎しみという感情的行動を基本とした「力」が支配する世界であり，その意味では政治的・法律的制度は安定的属性をもつことはない．この現象は一見穏やかな形で走行されるとしても，権力を得た者（多数派という形をとる場合もある）は弱者の権利を無視し，現在の「制度」を恣意的に解釈し，この解釈を弱者に強要し，やがてこの制度を巧妙な論理のすり替えを経て新たな制度として済ます．この行動原理やそれによって定着した制度を経験的に見ることは珍しくないのである．

そうした独善的改善過程は教育制度を経て巧妙に成就する．その教育は学校，家庭，社会，企業，国家などのさまざまな教育課程で総合的に遂行される．その全うな成就は，教育関係組織，官憲組織，司法組織，ジャーナリズム機関だけでなく，その他のあらゆる機関が同じ色彩に染まることによって達成しうる．やがて，それは制度の内部において，個々人の中に相互猜疑という状況をもたらし，個々人は，盗聴，内部制裁，秘密警察などに同調することによって，自ずと「疑」から乖離する．国家視野で見れば，そうした事情は強大な国家が，国際的に制度化されている法や規範を蹂躙してでも弱小国家を威圧し，その国を自らの掌中に治める．こうした「制度」を生成し，維持し，変化させる仕組みを明確にする究極目的とするのが法学的・政治学的の文脈における「制度」の特質と見る．

(7) 社会学における「制度」の特質

社会学における「制度」は論者によって多岐にわたる．それは社会学の方法が他の学問領域にくらべて，研究者の自由を大幅に許容していることに起因する．社会学が盛んなフランスに限定してみても，「制度」を Durkheim, E. は「集

合表象」あるいは「力の体系」とし，Foucault, M. は「装置」もしくは「実定性」とし，Leny-Strauss, C. は「構造」としている．また Halbwachs, M. は「集合的記憶」，さらにアナール学派（Ecole des Annales）は「集合的心性」としている．概観するだけでもこの有り様である．

Durkheim は，「制度」が認識される境界戦として，抵抗と制裁に示される個人から乖離した外在的属性と，一定の文脈での反復属性あるいは規則的属性の拡散を指摘するのであるが，その過程で「制度」は個人の行為あるいは考え方を拘束する集合的パターンであるとする．これは「制度」の発現は個人には換言することが不能な非物質的な実在物として追究される社会学固有のいわば個人的事実と社会的事実との厳密な分離公準に依拠する集合的アプローチであるという思考がその基本にあるゆえであるからと見られる．それに対して対象の実在を容易に認めず，形式化された分析手法により浮上してくる「構造」に第一義的な注目をする構造主義の立場に立つ Leny-Strauss やアナール学派（Ecole des Annales）は「制度」を「構造」や「装置」とする．

そうした思考とは別に，フランスから物理的地理を越えたアメリカの Parsons, T. は「制度」を「相互連関する役割期待パターンの複合体」として規定している．この思考は，「制度」は個人と社会の媒介項であるとする位置づけに立脚している．そのように「制度」を観念することによって，分割所有される価値志向基準の体系に正当性が付与され，期待の実現に対するモチベーション志向の決定の仕組みが許容されるという．かくして「制度」は規範的行動様式を可能ならしめ，社会秩序を維持していくことができるとする．

社会的・経済的制度は，法学的・政治学的制度が人間社会の変革と深く結びついた動学的な制度であるとするなら，"既存の制度"あるいは"均衡としての制度"として属性をもつ．いうまでもなく法学も政治学も社会という文脈で現象する準文脈であり，この後に論じる経済も社会という文脈で現象する準文脈であるといえる．したがってその意味では「社会」という概念は，法，政治，経済とは次元を異にするが，後者のいずれをも含めた内容を対象としているのである．これらを学問の対象領域として捉えた場合には，社会学は，法学，政

治学，経済学と同じレベルのものとして扱えることになる．つまり，法を対象として成立する科学が法学，政治を対象として成立する科学が政治学，経済を対象として成立する科学が経済学であるように，社会を対象として成立する科学が社会学となるからである．ここでは社会学という文脈における「制度」と経済学という文脈における「制度」を概観することにする．

一口に社会学での「制度」といえども，その定義は多彩である．たとえば古くは，Cooley, C. H. は「無意識の心的習慣や行為習慣」とし，Durkheim, E. は「共同的な行為や結合関係の産物」としている．しかし Weber, M. は「制度」には明確な概念を与えてはいないし，Parsons, T. は，規範的枠組みは社会的行為者とは別途に存在していることを認め，研究者は行為者の規範的枠組みへのオリエンテーションを考慮する関係下で行為者が自らの行為を世間一般の規範的基準や価値様式に志向させている限り，そこの一連の行為は「制度化」されていると判断している．それらに観察される「制度」は果たして同じ用語の概念についての言及であるのかという疑問さえ与えるほど多様化している．

その多様化した言及を縫っていささか無理を伴うことであるが，大胆に社会学の「制度」概念を整理すれば以下のようになるだろう．社会という文脈における行為者が実際に理解している内容とか，それに基づいて現象する行為・行動を特定の人間（たとえば研究者）が観察した結果を「制度」とみなすのである．社会学における「制度」は，認知的にも規範的にもそして規制的にも社会的行動に安定性と意味を与える構造と活動から成る．つまり社会学では「制度」が「個人」に優先して存在するのである．ここでの「制度」は"すでに存在するもの"として観念される．これは，経済学な存在論的与件が「個人」が「制度」に優先して存在するという考え方に対峙するのである．つまり社会学的にはそうした「制度」がある共同的社会で適切な行動の内容を定義し，その行動を「個人」にとらせる原点となる．

(8) 経済学における「制度」の特質

経済学的文脈における「制度」は，「個人」に後発する位置づけとなるから，

「個人」の行動, 信念, 選好を先験的に設定するための制約としての意味をもつことになる. 換言すれば経済学的な「制度」は, 自律した個人が外部に「制度」を認知するという存在論的設定があるから, それゆえにこそ「制度」を個人に対して"制約をおよぼすもの"となる.

経済学の文脈で「制度」を論ずるとき, 制度学派 (institutional school) における「制度」を無視することはできない. しかしアメリカを中心として展開・発展した制度学派にあっても, その論者によって「制度」の観念は一律ではない. この学派の創始者とされる Veblem, T. B. は, 1929 年の大恐慌に至るまでのアメリカ経済の特徴が, 技術革新に基づく成功と資本集中に伴う活動の集団化が基本条件にあって, そこでは正統派経済学は「制度」を所与条件として思考の対象とはしなかったことに着眼したのであった. 彼は「制度」を, 金銭的な見栄を競う"たぶらかしの消費"のごとく, 経済的動機において「支配的な思考習慣」となった象徴とした. そしてこの「制度」が社会集団に共有される一つの文明とともに進化すると, 人間が生来もっていたはずの「善」が汚染されていくと論じた.

Commons, J. R. は, 活動が半永久的に継続していると想定される実態, たとえば企業, 国, 家族などをすべて「制度」としている. この概念は, それら企業, 国, 家族という実体によって, 個人の行動が規制されている集団活動を意味している. Clark, J. M. は, 企業とその他の社会制度との相互関係を, 古典的・静態的および限界経済学的に明示されているような単純化された抽象概念の媒介を通じてではなく, それをあるがままに研究しようとした. これは政治制度に関する政治学者の見解, 法律制度に関する法律学者の見解, あらゆる制度に関する社会学者の見解をできるだけ取り入れ, これらの諸見解をその重要な輪郭において理解し, また存在の経済的様相に対するこれらのあらゆる事物の関係を言及することによって企業のより正しい解釈をつくりだすことを意味した.

経済学の領域で「制度」概念を最も重視する制度学派であっても, 論者によってその内容は一律ではない. ただしそこに看取できる共通要素は, 一つは古典経済学の研究者はたとえ「制度」に関心を払ったとしても, 個人心理に重点を

おく傾向が強かったから，社会制度による個人の集合体の行為を無視し，端的にいえばそこでの社会倫理は快楽主義となる．そのことは，現代の経済生活を説明するには困難を伴うことになることであった．こうした欠陥を見抜く場に立って経済の動きを集団的行為として正しくとらえるためには，従来の「制度」とは異なった立場から社会心理学の支援をみて統計的・経験的な方法を用いて経済上の真実を追求することが要求されたのである．この要請に応じたのが制度学派であったとしうる．ここでは必然的に，社会問題，たとえば外見上は好況状態に見える経済の中で徐々に進展してくる失業者の問題，その失業者をいかなるコスト負担で社会問題として克服するのかの課題が，浮上してくることになる．それが Clark の社会的間接費（overhead cost）の研究なのである．

3．会計学における「制度」

(1) 会計という文脈における「制度」の特質

以上で概観してきた「制度」にくらべて，会計の文脈における「制度」は著しい概念上の差異があると見なければならない．英語の標記にしても，これまでの「制度」が institution であったのに対して，会計の「制度」は system が用いられ場合が多い．それは「会計制度」にしても，「財務会計制度」にしても，そして「原価計算制度」あるいは「制度としての原価計算」にしても然りである．

本章の「制度」はあくまで"原価計算"と結語したそれに限定する．ただ，その論に立ち入る前に，原価計算と不分離の関係にある財務会計の「制度」を概観しておきたい．ここに会計を「財務会計」と「原価計算」に区分する方法は，現在の「財務会計」と「管理会計」とに区分する方法より古いし，学問の区分法としては正統な区分法である．

前者の区分法は，企業における金銭の入（棚卸資産の販売，固定資産の売却，債権の回収，資本金の払い込みなどにかんする現金の流入）と金銭の出（棚卸資産製造のための生産要素の購入，固定資産の購入，債務の返済，その他の費用の支払い，配当金・法人税などにかんする現金の流出）に重点をおく会計を「財務会計」（"財務"

とは本来"おカネの出し入れを意味する")とする．これに対して棚卸資産の要素たる材料，労働力，サービスの個別的価値を製品（あるいは仕掛品，半製品，仕損じ品）という新たな価値への変換過程を追跡する計算法が「原価計算」である．"価値"を"原価"に写像して行う計算形式に他ならない．この区分は哲学，心理学，法学，政治学，社会学，経済学それぞれの研究対象がひとの生き方，心理，法，政治，社会，経済という現象を研究対象としていることにより，哲学，心理学，法学，政治学，社会学，経済学という名称が与えられたことに符合する．

　これに対して会計を「財務会計」と「管理会計」に区分する方法は研究対象を基準とした区分ではなく，機能を基準とした区分である．ここにいう「財務会計」に実体は外部報告会計であり，「管理会計」は内部報告会計である．前者の報告対象は株主，債権者，国家（地方自治体），従業員，地域住民，顧客などであり，後者の報告対象は企業内で経営活動に従事する経営者と従業員である．したがって前者の「財務会計」(A)および「原価計算」(B)と後者の「財務会計」(X)および「管理会計」(Y)は行列で示され，前者を行とすれば(A)と(B)は横に，後者を列とすれば(X)と(Y)は縦に配置される．そして(X)には(A)と(B)が，(Y)には(A)と(B)が存在し，また(A)には(X)と(Y)が，(B)には(X)と(Y)が存在することになる．

　会計には「会計制度」と「制度会計」が存在すると説明される．いかなる違いがあるのか．「会計制度」は法律（たとえば企業法）や規則（たとえば企業会計原則）によって会計内容が拘束されている会計をいう．この最終到達点は財務諸表であるから，「会計制度」とはその拘束に縛られた会計をいうことになる．これに対して「制度会計」は「情報会計」に対峙する概念であって，これも法律・規定の枠内で展開する会計を意味する．したがって両者は実質的には同義としうる．

　そうした概念は上位概念としての上位制度が具現した法規・規則によって支配されているところに特徴がある．これによると上位制度がいかなる利益を要請しているかによって，その下での制度会計（または会計制度）の仕組みはその

許容範囲内での変化の自由は認められることになる．その意味ではこの「会計制度」あるいは「制度会計」という文脈における「制度」は，第1章で見てきた institution としての「制度」ではなしに，まさに system としての「制度」（目的が先行し，その目的を成就しうることを目論んで，複数要素が有機的に関連し合って，全体として一つの機能を果たしうるメカニズムとしての制度）となる．

もちろん「財務会計」でも，あらゆる場合が外部報告会計としてのそれに限定されるとは限らない．現在では管理会計としての情報作成として利用される財務会計機構もありうる．その場合の「財務会計」は法律・規則に拘束されない．部分的に拘束される場合もあれば，全面的に拘束されない場合の財務会計もありうる．たとえば予算損益計算書や予算貸借対照表がその例である．

制度会計としての財務会計の文脈での「制度」は，ある視角からすれば上位の「制度」によって厳重に拘束されている．その拘束から離脱があった場合には，厳重な制裁が与えられることになる．これに対して原価計算の文脈における「制度」とは何か．今見てきた財務会計のそれと何が異なるのか．

(2) 原価計算という文脈における「制度」の特質
1) 原価計算における「制度」の二重性

すでに示したように，「原価計算」とは価値の変遷を追う計算方法である．この場合の価値を「原価」(cost) に描写して，原価計算はその価値変遷過程を追うことが可能であると仮定している．もっともこうした仮定は原価計算にだけ負わされた条件ではない．財務会計とて，それが時価主義の展開を見せようと，取得原価主義の展開を見せようと，その計算によって得られた資本の増加額あるいは収益と費用の対応から算定される利益額はあくまで仮定の正しさをもった金額に過ぎない．それは「これが正しい利益である」と社会的集合が約束した結果でしかない．「絶対的真実を有する利益」などは会計では永遠に不明なのである．その意味では財務会計も擬制的な仕組みであるとしうる．だからこそ，上位にある「制度」にしても，その下で可変的に随時変更される会計手続きとしての「制度」にしても，その変更の頻度が高いことは許容されるの

である．

　原価計算の文脈で「制度」が云々されるとき，二つのケースが存在する．一つは原価計算の上位の「制度」である企業会計原則または「　」付きのそれに拘束された内容である「制度」（これを「狭義の原価計算制度」とする）である．他の一つは原価計算が，一般に社会からみて公正であり，かつ企業間および産業の実態において妥当性が認められる実践的方法としての「制度」（これを「広義の原価計算制度」とする）である．

2）　狭義の「制度」の意味

　狭義の「制度」が関係するものに昭和37年に大蔵省企業会計審議会が公表した「原価計算基準」（以下単に「基準」という）がある．そこには，この「基準」が「企業会計原則の一環」（「基準」の前書き）としていることから，法的ではないが一定の強制力によってわが国の企業が遵守すべきとする外在的制度性が認められる．

　「前書き」にあたる「原価計算基準の設定について」の本文全体から看取される内容は，若干の例外的事項の存在を除けば，他の説明のすべては企業会計原則の一環としての原価計算としての「基準」と判断しうる．この「前書き」部分に限らず，本文項目（1）～（47）までを渉うことで，まず知れることは（1）の「原価計算の目的」で列挙されている5項目は，この「基準」の作成過程（昭和24年～同37年）における産業の実情を前提とする限りは不満はない．だが「前書き」の「企業の原価計算制度は，真実の原価を確定して財務諸表の作成に役立つとともに，原価を分析し，これを経営管理者に提供し，もって業務計画および原価管理に役立つことが必要とされている」とする文言と，この5つの列挙項目の整合性については疑問が残る．もちろん最大限の広義の解釈を条件としたうえでのことである．つまり「原価を分析し，これを経営管理者に提供し」の内容は価格計算を意識させるのか．業務計画は予算管理（計画・統制）を，原価管理はコスト・コントロールを連動させることは承認されうるが，最終列挙目的の「基本計画および経営意思決定」については「前書き」のどの部分を連動させるのか迷う．だがこの問題は些少である．

大きな問題は，この「基準」47 項目は(1)に列挙した 5 項目の機能を網羅的に意識して記述したのかどうかである．たとえば項目(40)〜(43)および(46)の標準原価計算についての説明は財務諸表作成に連動した標準原価計算の説明であって，この当時の原価管理であってもここで示されている標準原価差異の分析による業務改善に連動する説明としては満足できない．それらの標準原価差異は標準原価計算を採用した場合の基本中の基本に留まるものであるからである．それらは標準原価計算によって財務諸表を作成した場合に生じる標準原価差異を，原価中心主義もしくは標準原価中心主義の観点から売上原価を調整する方便の域を出ない．そうした「基準」における矛盾点は，現在の生産状況に母胎を移し替えれば切りがないほど指摘できる．だがその矛盾をいくつ指摘しても，本章のテーマである「制度」の本質には迫ることはない．

　「狭義の制度」を考察するとき，われわれは原価計算の原点に戻ることが必要である．原価計算を英語表記すれば，通常は cost accounting あるいは costing である．前者は原則的には複式簿記というフレームワークを計算原理として使用する．後者はかつてのコスト分析者（非会計者）が工場で発生するコストを厳密に測定し，分析し，そこに潜む問題点を提起する場合に使用した用語である（現在の会計の範疇の原価計算にも使用する例はなくはない）．そこでは複式簿記はコスト測定方法としては直接関係はしない．

　ここでは，損益計算型原価計算を中心とする．複式簿記を使用することによって貸借平均の原理が満足され，原価計算が狭義の制度として速やかに展開して，結論の原価計算表に到達し，その先にある財務諸表に具現しえる．複式簿記はその過程での客観性や計算の正確性を保証する．ただそれはあくまで財務諸表作成つまりは期間損益計算過程を示す損益計算書と財政状態を提示する貸借対照表を到達点とする製品原価計算を軸としていることに留意する必要がある．換言すればそれは財務会計的もしくは期間損益型原価計算であるとしうる．企業の種類が製造業であれ非製造業であれ，そこで作成される損益計算書の借方の費用はすべて原価計算という技術に依拠して金額が把握される．貸借対照表の借方の当座資産を除いた資産は，別名"unexpired cost：生ける原価"が示す

ようにすべて"cost"であって，その減少分は"expired cost：死せる原価＝費用"として，すべて原価計算という技術に依拠して把握される．つまりは財務会計においては，原価計算が実際原価計算，標準原価計算，全部原価計算，直接原価計算のいずれの形態をとるにしても，必須の位置を有するのである．

「基準」が示す他の「原価計算の目的」である価格計算，原価管理，予算管理，基本計画・経営意思決定などは，現時点からすれば内容に相当の幅と深さのズレがあるけれども，すべて「基準」に包摂していると見ることができることはすでに述べた．そこに前記した矛盾はあるのだが，矛盾のある・なしは「制度」の存在には無関係である．「悪法も法」という言葉がある．「基準」が内包する矛盾は「悪法」と同次元ではない．矛盾を孕んだまま半世紀を過ぎた．その間そして今後，それら矛盾を払拭する行為を示さないことは，「原価計算の母胎は工場現場である」とし，経営の内容も多種化してきている状況にあって，原価情報はますます多角的に要請される中で，「狭義の制度」としての「基準」は放置されたままとなる．これが原価計算の「狭義の制度」たる所以なのか．

3) 広義の制度の意味について

問題は原価計算の文脈における「広義の制度」である．逆に広義の制度を持つ原価計算を思考するときには，原価計算の概念も最大級の原価計算概念を想定する必要がある．ここにその原価計算とは「コストを測定する行為」すべてを含むことになる．

まずは測定対象たるコストの概念である．「基準」では原価計算制度以外の原価計算を特殊原価調査として認識するが，具体的にはその内容を「経営の基本計画および予算編成における選択的事項の決定に必要な特殊な原価……を随時的，技術的に調査測定すること」している．そしてこの領域で使用する原価の概念は，原価計算制度で使用される「経済価値の消費」「経営において作り出された一定の原価対象（給付）」「経営目的関連性」「正常性」を踏まえたいわゆる原価計算制度的原価概念に限定することはなく，いわゆる差額原価，機会原価，付加原価などの「特殊原価」があるとしている．この文言はあくまで営利企業を前提とした記述である．しかしここではその枠は越えた形で言及す

ることが適切であることになる．

　原価計算の場は営利企業に限定はされない．経済活動としての行動を伴う組織体はすべて成果に関心がある．したがって成果の達成を主眼として行動するから，その逆対価として費用の発生に関心を抱く．その行動の合理性の有無および改善点の指摘は，日が当たる部分たる成果についてではなく，影の部分たるコストに焦点を当てることによってなされる．成果の満足は対人関係の介入を妨げることはできないから，これを基準とする行動は誤りに結びつく．コストは行動の影の部分である．そのコストの管理はそのすべてが当該組織の能力と努力によって統制が可能になる．そのためにコスト測定と管理が重要になる．

　その意味でいかなる組織であっても原価計算は存在することが理想である．非営利企業であれ，福祉団体であれ，警察であれ，消防署であれ，自衛隊であれ，病院であれ，学校であれ，地方自治体であれ，国であれ，すべての組織でコストの測定は実施されるべきである．それらの組織で実施されるコストの測定方法には複式簿記の使用がなされることは否定しない．だが同時に複式簿記を束縛条件とはしないのである．

　これらの組織体でのコストの測定は前述の原価計算制度におけるような上位制度の束縛は受けない．前記のコストの測定は「現金等価物の支出額」で測定した．いわゆる「支出原価（outlay cost）」を基本としていた．その主眼は財務諸表作成であったから，「客観性」を担保することの重要さが前面にあったからである．これにくらべると，ここでのコスト測定は，財務諸表作成時には支出原価の測定を取り入れることもあるが，通常のコスト測定は経営意思決定にコストの測定が必要になることである．いずれの組織にせよ代替案の選択過程がその組織の行動過程の基本となる．経営意思とは一定の目的達成のための複数の代替案の選択である．Ａという代替案を選択することは，すなわちＢという代替案を放棄することに他ならない．そこでＡという代替案を選択したことによって主体が負担するコストは，Ａという代替案を得るために現金等価物を支出した額で測定するよりは，Ｂという代替案を選択していればそこから得られたであろう収益を放棄した事実が前面に出てくるはずである．したがっ

てA代替案選択のコストはB代替案を選択していれば得られたはずの収益であることになる．つまりは放棄された代替案から得られた収益を獲得する機会をコストの本体とする．その失われた収益額を原価の測定基礎とする．機会原価の使用である．機会原価は主観価値に立脚するから測定不能であるとされてきた．しかし最近の研究ではその代替的測定の光が輝き始めている．利用の可能性が高い．

この原価概念はコストの本質観であるとともに，経済学のコスト概念に一致するのである．このコスト概念は制度会計が供給する客観性は満たさない．満たす必要はないのである．ここにおけるコストの測定で最大限に必要な基準は有用性である．そのときその測定で明らかにされる数値が代替案選択において有用な価値をもたらすことが重要なのである．「有用性」がこの原価計算の文脈における「広義の制度」となる．

4．まとめ

人間だけではなしに，生きているものは「制度」と共存しなければ生を全うできない．その生きものが「知恵」をもつようになればなるほど共存する「制度」は高水準になる．否，実は高水準になるのではなくて，知恵が知恵を上塗りして，中軸にある色が見えなくなっているだけかもしれない．そこに「悪」は入り込むのかもしれない．それをどう考えるかは，その社会の内側で生存する者の自由であるし，その社会の外側に居る者の勝手な判断でよい．

ましてやその生きものが霊長類になり，それが人間になったとき，「制度」との共存は必至となる．それをどう変えるかはそこに住むひとの自由に委ねられている．同時にそれをどう守るかもそこに住むひとの自由に任される．同時にひとたび"つくられた"「制度」はその「制度」のもとに住むひとの行為を拘束し束縛する．そこからの逸脱は，それが故意であろうと，無意識であろうと制裁が加えられる．その仕組みはすべてそこでその社会をつくったひとが考え，検討し，妥協して，成立させた「制度」である．それが"理想郷"になる

か，"怪物"になるか，社会の集合体の有り様によって決まる．

　原価計算も狭義にせよ広義にせよ「制度」がある．それらの制度は，霊長類のそれ，人間のそれの延長線上にあるし，ひとがいかに生きるかの哲理を言及してきた哲学，原則的には個人の心理がどう動くのかを言及してきた心理学，人間の社会的行動の規範を与えこれを基礎に集団的行動に転化させる方途を言及してきた法学や政治学，そしてその集合体としての人間の網たる社会を言及してきた社会学，そして会計学・経営学の隣接にある経済学などにおける「制度」がいかなるものであったのかを考えてみた．

　それに併せて，会計学にける「制度」に触れ，我々は「原価計算の文脈における制度」を考察した．しかしこの論文という皿に盛った内容は粗略な料理でしかない．この料理をもっと味付けを豊かにし，上品な盛り付けにするには，別稿の機会を待たねばならない．

参 考 文 献

秋葉健一（2013）「会計基準の質」会計，第183巻第3号．
井上茂（1970）『現代法』日本放送出版協会．
ウォーラースティン，I.＋グルベンキアン委員会（1996）『社会科学をひらく』（山田鋭夫訳），藤原書店．
ヴェブレン，T. B.（1965）『企業の理論』（小原敬士訳）勁草書房．
内田一成監訳（2005）『第14版ヒルガードの心理学』ブレーン出版．
梅澤正（2003）『組織文化　経営文化　企業文化』同文舘出版．
岡野憲治（2012）「原価計算基準の意義と役割」会計，第181巻第2号．
尾畑裕（2012）「原価計算基準から原価・収益計算基準へ」会計，第181巻第2号．
河合香吏編（2013）『制度―人類社会の進化』京都大学学術出版会．
河野勝（2002）『制度』東京大学出版会．
木島淑孝（1992）『原価計算制度論』中央経済社．
クーリー，C. H.（1980）『社会組織論』（大橋 他訳）青木書店．
黒澤清（1938）『工業会計』千倉書房．
小林健吾 他（1980）「マネジメントのための原価計算」企業会計，Vol.32，No.11．
櫻井通晴（2013）「管理会計の『質』の点検・検証」会計，第183巻第3号．
佐藤郁哉・山田真茂留（2004）『制度と文化―組織を動かす見えない力』日本経済新聞社．

サール，J. R.（2008）『行為と合理性』（塩野直之訳）勁草書房．
シャイン，E. H.（2004）『企業文化』（金井壽宏訳）白桃書房．
スコット，W. R.（1998）『制度と組織』（河野昭三 他訳）税務経理協会．
多賀茂（2008）『イデアと制度』名古屋大学出版会．
高橋史安（2012）「原価計算基準の課題」会計，第181号第2号．
恒藤恭（1979）『法の本質』岩波書店．
富永健一（1986）『社会学原理』岩波書店．
ドレツキ，F.（2005）『行動を説明する―因果の世界における理由』（水本正晴訳）勁草書房．
トンプソン，J. D.（2012）『行為する組織』（大月 他訳）同文舘．
中村雄二郎（1993）『制度論』岩波書店．
中山茂（2013）『パラダイムと科学革命の歴史』講談社学術文庫．
ノース，D. C.（1994）『制度 制度変化 経済成果』（竹下公視訳）晃洋書房．
長谷部恭男（2011）『法とは何か』河出書房新社．
パーソンズ，T.（1974）『社会休系論』（佐藤勉訳）青木書店．
パーソンズ，T.／シルス，E. A.（1968）『行為の総合理論をめざして』（永井 他訳）日本評論社．
番場嘉一郎・他（1977）「『原価計算基準』の性格と構成―基準改訂の機運に寄せて」企業会計，Vol.29，No.2．
檜垣立哉（2010）『フーコー講義』河出書房新社．
フーコー，M.（2010）『知の考古学』（中村雄二郎訳）河出書房新社．
ブレイディ，H. E. デヴィッド・コリアー，D.（2010）『社会科学の方法論争―多様な分析道具と共通の基準』勁草書房．
ベラー，R. N.（2009）『善い社会―道徳的エコロジーの制度論』（中村圭志訳）みすず書房．
ホジソン，G. M.（1998）『現代制度派経済学宣言』（八木 他訳）名古屋大学出版会．
宮上一男（1952）『工業会計制度の研究』山川出版社．
宮本匡章 他（1980）「シンポジウム：経営原価計算の成立基盤」企業会計，Vol.32，No.11．
盛山和夫（1995）『制度論の構図』創文社．
米山正樹（2013）「会計理論の質」会計，第183巻第3号．
ラングロワ，R. N.／ロバートソン，P. L.（2004）『企業制度の理論』（谷口和弘訳）NTT出版．
Clark, J. M. (1923) *Studies in the Economics of Overhead Costs*. The University of Chicago Press.
Ramji Balakrishnan, K. Sivaramakrishnan, and Shyam Sunder (2004), "A Resource Granularity Framework for Estimating Opportunity Costs," *Accounting Horizons*, Vol.18, No.3.

第2章　標準原価計算の原価管理機能への役割期待についての回顧と展望

1. はじめに

　標準原価計算は，その生成過程を回顧すると，原価管理機能の中心だった時代から，役割期待の低下が叫ばれる時代へと変遷した．原価管理機能を果たすさまざまな原価管理技法の発達とともに，標準原価計算の原価管理への役割期待はその地位を低下させているのであるとしたら，現在そして未来においては，もはや果たすべき役割への期待が残されていないのであろうか．

　わが国の『原価計算基準』では，制定当初より，標準原価計算による戦略的原価管理への役割期待についての指摘があった．また，原価管理の役割期待の低下の議論の中で，常に指摘される製造環境の変化による直接労務費の低減による原価管理対象の逓減が指摘されているが，標準原価計算は製造原価の枠組み内のみならず，営業費への適応拡張もその視野に入れていくべきではないかと思う．換言すれば，標準原価管理の役割期待は，伝統的概念での原価管理機能の枠を超えて，戦略的原価管理としての役割期待が指摘されている．

　また，組織における情報の共有化は組織内コミュニケーションを促進させるが，標準原価計算への組織的取り組みもまた，組織内での原価管理と原価意識の醸成への取り組みを促進させ，戦略的なアプローチ寄与するものである．

　本章では，標準原価計算の原価管理機能についての回顧として，標準原価の公的機関による原価概念についての規定，原価管理機能の役割期待の低下について再考する．さらに，新たな役割期待としての戦略的原価管理としての標準原価計算の役立ちについて検討する．また，製造業以外の労働集約的産業への

標準原価計算による原価管理の役割期待についても取り上げる．さらに，展望として，標準原価計算の新しい役立ちへの提言をし，IFRSや他国との関わりについて取り上げることとする．

これらにより，標準原価計算の原価管理への役割期待についての回顧と展望について述べるものである．

2．標準原価概念の規定

木島（1992）によると，標準原価計算の誕生以降を回顧すると，原価管理型原価計算制度として発達してきたが，損益計算型標準原価計算制度の役割期待が増加している，と指摘している．すなわち，「標準原価計算は，20世紀初頭に展開された科学的管理法におけるタスク・マネジメントの影響を受けて，直接作業の能率向上を第一義目的とする原価管理型原価計算として発達した．やがて，原価の正常性を追求する財務会計の展開過程と有機的な結合を果たし，材料費や製造間接費を分析機構の中に取り込みながら制度としての原価計算としての原価計算として発展してきた．その後，標準原価計算は予算との結合により，製造間接費さらに販売費や一般管理費をもその分析対象とするに至っている．」(p.207)．従来，標準原価計算の原価管理役割期待は人的作業の能率向上に貢献することであったが，対象となるべき費目は，材料費，労務費，製造間接費によって構成される標準原価であった．しかしながら，木島（1992）による指摘にもあるように，標準原価計算による原価管理の分析対象は，製造間接費のみならず，販売費や一般管理費も分析対象とするに至っている．労働集約的現場が減少し，その一方で販売費や一般管理費は増大している．標準原価計算による原価管理の対象を考察するうえでは，標準原価管理の対象としてあまり重点が置かれてこなかった販売費や一般管理費にも焦点をあてる必要があると思われる．では，公的機関による標準原価概念はどのように設定されてきたのであろうか．

岩淵（1999, p.108）によると，公的機関における標準原価概念の規定は以下の

通りである．

　1951 年，米国会計学会（AAA）原価概念および基準委員会は，原価用語の統一と原価概念の規定は緊急の課題であるとし，原価計算全般にわたる原価概念を次のように定義した．原価という用語は，原価計算担当者が使用する各種各様の原価をすべて包括するように意識的に広く定義された一般用語であるという公式見解を公表し，原価を一般的原価概念と個別原価概念に大別した．原価を特定の目的に限定して使用する場合には，「あるものの原価」として表示すべきことが提示された．また同委員会は，個別原価概念として 22 個の原価概念を羅列しており，その一つが標準原価（standard costs）である．

　1962 年，大蔵省企業会計審議会が制定した『原価計算基準』では，原価の本質を原価計算制度において，原価とは，経営における一定の給付に関わらせて，は握された財貨又は用役の消費を，貨幣価値的に著したものである，と規定している．この原価の本質は，一見すると原価の一般概念に似ているが，『原価計算基準』においてと限定しているので，実はそうではないとの見解は実に適切なものだと，岩淵（1999, p.111）は指摘している．現行の『基準』の改訂は当面差し控え，改訂する場合には思い切った大改訂，それも管理会計の観点からの大改訂をするのでなければならない，と結論づけた（岩淵，1999, p.113）．

　櫻井（2012, p.129）によると，『原価計算基準』が制定された 1962 年当時は，戦後復興のための標準原価計算が重要な役割を果たしていた．原価管理といえば標準原価計算という時代にあって，標準原価計算を原価計算制度として位置づけたのは当時としては大きな成果であった．しかし，1980 年代の工場自動化を経て現在では現場作業員の能率管理手段としての標準原価計算の原価管理上の限界も明らかになってきている．しかし，労働集約的産業であるホスピタリティ産業においてはいまだ可能性は認められる．これについては，後の章で検討することとする．

　中井（2013, p.47）によると，原価計算の方法は『原価計算基準』でも細部にわたって説明されているように，実際原価計算が基本となる．ただし，実際原価計算では，同じ製品であっても操業度などの違いによって製品原価が異なっ

たり，計算のスピードに遅れが生じることもある．標準原価計算は実際原価計算で見られるこのような欠点を補うことで利用されるようになった．その意味でも，標準原価計算は，達成すべき目標原価として現場で受け入れられるものであった．『実際原価計算が原価管理に役立な原価情報を提供することができないので，この欠陥を克服するために工夫された原価計算方式』が標準原価計算である（中井，2013, p.51）ともいえる．

標準原価は「現実的標準原価もしくは正常原価」とし，現実的標準原価は良好な能率のもとにおいて，その達成が期待される原価で，通常生ずると認められる程度の減損，仕損遊休時間等の余裕率を含む原価があり，かつ，比較的短期における予定価格を前提として決定され，これら諸条件の変化に伴い，しばしば改訂され，原価管理に最も適するのみでなく，棚卸資産価額の算定および予算の編成のために用いられるとしている．また，標準原価として実務上予定原価が意味される場合がある．予定原価とは将来における財貨の予定消費量と予定価格をもって計算した原価をいい，予算の編成に適するのみでなく原価管理および棚卸資産価額の算定のためにも用いられるとしている（中井，2013, p.51）．

標準原価計算の活用によって，競業する類似製品が同業他社よりも安く製造できれば有利な条件が整うことになる．こういった意味でも，標準原価計算は企業にとって利用価値があるといえるのである（中井，2013, p.54）．

『原価計算基準』では，標準原価計算制度は，必要な計算段階において実際原価を計算し，これと標準との差異を分析し，報告する計算体系であると明言している．つまり，実際原価計算によって製品原価を算出するのであるが，原価計算が終了した時点で初めて原価が把握され，売価との関係で利益獲得の程度が判明する．利益管理という本来の目的からすれば，このような計算システムには問題がある．こういった問題を解消するために標準原価計算が考案された．ゆえに，標準原価計算は，最終的には製品当たりの製造原価を把握し，目標利益を獲得するための許容原価を算出することであるともいえる．標準原価は目標利益を獲得するために容認される製造原価である．製品を製造する際，

標準原価を超えなければ利益が獲得されるはずである（中井，2013, p.54）．

　標準原価計算は，目標利益獲得のため，経営上の指針ともなりうる．その意味では，標準原価計算は，本来，経営戦略的な役割も担っていたといえる．

3．標準原価計算の原価管理への役割期待の低下についての認識

　標準原価計算の原価管理の役割期待低下が叫ばれてきた．小林（1988, p.46）の述べた「標準原価計算による原価管理が有効に行われる」4つの前提が生産環境の変化によって崩壊した．櫻井（1997, p.143）の述べた「標準原価計算による管理が適用される企業」の3つの規定が先端的製造業にあてはまらなくなった．

　その後，標準原価計算だけが原価管理のツールであるのか，という議論が展開されてきた．すなわち，標準原価計算の原価管理機能の是非を問うより，原価企画やABC／ABMなど多様な原価管理ツールの発展が促進されたからである．技術革新の加速化や顧客ニーズの多様化を背景として，製品ライフサイクルの短縮化や多品種少量生産化が生じる．そのため，製造業では標準原価計算に基づくコストマネジメントの有用性が低下し，別の手段としての原価企画が利用される可能性がある（妹尾・福島，2012, p.47）．

　標準原価計算の問題点として，中井（2013, pp.59-60)）による以下の指摘がある．標準原価計算が原価管理や利益管理のために有効に機能するためには，過去の実績や科学的・統計的調査などによる迅速な標準原価の設定が必要である．原価管理や利益管理を合理的で，現場とのコンフリクトを生じることなく実施するための標準原価の設定は，生産活動においては比較的条件変更が少なく，製造設備や生産方法，あるいは使用する原材料が頻繁に変わることがない状態が望ましい．しかし，現状にあっては，標準原価計算遂行においてこの望ましい状態の維持は難しい．標準原価計算遂行に望ましいことも，経営戦略上望ましくないのであれば，その都度経営環境に応じて変更し対応していくことは当然のことである．消費者ニーズの多様化に伴って，多品種少量生産や製品

のライフサイクルの短縮化などにより，製造現場では従来のように同一条件での連続生産が行われるケースが少なくなった．このため，標準原価の設定や実際原価との差異分析については複雑な比較作業が強いられ，これに関わる事務コストが年々増加するといった問題がある．

櫻井（1998, p.144）によると，「標準原価計算は現場作業者の能率管理に適した手法である．しかし，最近では工場のFA化により現場から作業員がほとんどいなくなってしまった．標準によって能率管理をする対象がいなくなったといえる．製造現場では，原価引き下げの余地がほとんどなくなってしまっている企業すらある．その結果，自動車産業，家電製品などの加工組立型産業の多くの企業において，管理の対象は，いかにして最新の設備を導入するか，研究開発をいかに効率的にやるか，企画・設計段階における管理をどのようにやるかといった問題に移っており，標準原価計算の原価管理に占める役割が急速に低下している」との指摘もある．

以上のように，さまざまな背景から標準原価計算の原価管理への役割期待は低下してきた．と同時に，標準原価計算の新たな役割期待を模索する契機でもある．

4．標準原価計算の原価管理への新たな貢献への模索

(1) 標準原価計算における戦略的原価管理の視点

標準原価計算の戦略的原価管理への視点は今日になって急に浮上したものではなく，標準原価分析の最新化をはじめとして[1]，以前より指摘されてきた課題である（田代，2010）．

かねてより，標準原価計算における戦略的原価管理の視点は指摘されてきた．原価計算制度は，実際原価計算制度，標準原価計算制度から成り立っており，標準原価計算が原価計算制度の一翼をなす以上，財務諸表作成目的に寄与するため，「真実の原価」の算定が重要な役割である．すなわち，棚卸資産の評価，売上原価の算定を行う伝統的な原価計算の役割期待からすれば，標準原

価計算は，棚卸資産評価が重要な目的であり，その役割の中核であるといえる．しかし，財務諸表目的に適合する標準原価の概念と，原価管理に適合する標準原価の概念は必ずしも一致しない．中山（1962），中山（1963），永野（1962）によって，標準原価の原価概念の『原価計算基準』についての問題点の指摘も制定当時からすでになされてきた．

戦略的原価管理としての標準原価計算は，人員相互や・戦略的な管理会計技法として機能すべきであり，その目的に適合する原価概念が選択されるべきである．

東海林（1941, pp.49-50）よると，標準原価計算の戦略的原価管理の視点として，目標値である標準原価の複雑性が指摘されている．すなわち，「標準の設定は標準の意義の如何によりて即ち理想標準を解するか，果たまた尺度標準と解するかによりて異なることは当然であるが，その建設困難なる理由は通常次の二に存するものと思考せられる」とし，「標準決定の複雑性」と「標準設定手続きの複雑性」についての指摘がなされている．換言すれば，標準原価設定における組織的取組みや手続きの複雑性の困難さを指摘しているといえる．

また，山邊（1961, pp.367-369）によると，当座標準原価と基準標準原価の戦略的利用についての指摘がされている．すなわち，標準原価が，標準価格および標準賃率を改定する頻度に関して，当座標準原価と基準標準原価に類別しており，普通実施されるのは当座標準原価である，という指摘である．

当座標準原価とは，良好な生産管理のもとでは原価が事実上いくらとなるべきかを表示する標準原価であり，「1 会計期間における達成の目標」とされる予定原価である．実際原価と標準原価との差異を絶対値でもってつかみ，種々に分析する．そして，原則として毎会計期間の終わりに改訂される．すなわち，「同一期間における標準と実際とを比較する方法」として説明されている．

また，基準標準原価の特色としては，長期にわたって実際活動の能率測定の尺度となる標準原価であり，当座標準原価と比較して以下の通り述べられている．すなわち，当座標準原価と違って，価格水準（材料の価格や労働の賃率）が変化しても改訂されることはない．ただし，基準標準原価にあっても，価格水

準があまりにはなはだしく変化してしまった際は標準原価に織り込んだ価格または賃率を変更してもよい．原価計算の担当者が主として目指しているのは「材料や労力の消費における原価能率の相対的な大きさ」であり，価格水準のいかんはあまり重要ではない．原価管理の目的を達成するためには，基準標準原価は期待業績を示すように修正されていなければならない．

また，最も重要な特徴として，財務諸表における棚卸資産や売上原価が，実際原価で計上されるが，標準原価が実際原価を排除してその代わりに入ることはない，という指摘には注目したい．

さらに原価比較の方法としては，① 当座標準原価制，② 基準標準原価制に分類して，以下の通り述べられている．すなわち，

① 当座標準原価制

毎原価計算期間の実際原価を達成可能な当座標準原価と比較する．しかし，この制度のもとにおいては，相違なる会計期間におけるそれぞれの実際原価を単一の尺度に照らして比較してみることは不可能である．

② 基準標準原価制

あたかも物価指数を算定する場合の基準数字のような固定的尺度たる標準を設定しておき，変動する毎期の実際原価をこの尺度と比較してその変化の趨勢を知ろうとするのである．けれども，基準標準原価は物価の変動によって改訂されない．長期にわたって実際活動の「能率の尺度」であるから，これによる実際と標準との比較は毎期において期待されるべき達成可能な数字に対して実際原価を比較するのではない．

このように，基準標準原価は，「尺度」であって，毎期における「達成目標」あるいは「期待数字」を示さない．したがって，この点から基準標準原価制を批判するのは間違っている．基準標準原価計算は会計帳簿上，たんに実際原価の基準標準原価に対する百分比を示すに過ぎないが，この標準原価制では，帳簿外において期待比率（当座標準原価の基準標準原価に対する百分比）をも算定して，基準との関連において実際原価と当座標準原価との差異をも見ようとするのである．

以上の所説によると，標準原価の設定について，組織でいかに取組み事ができるのか，また，マネジメントとしての目標値としての標準原価を組織がどのようなスパンでとらえて利用するのか，について，考察する必要があると思われる．またそれらの違いにより，標準原価を戦略的に利用する可能性があるものの，財務諸表の要請が優先される点に問題があると思われる．

(2) 戦略的原価管理への標準原価計算の利用

次に，戦略的原価管理に標準原価計算を利用することについて，組織内での横断的コミュニケーションツールとしての役立ちと，品質への対応について考察する．

まず，Dosch and Wilson（2010）の所説を取り上げ，横断的なコミュニケーションがいかに図られるのか，以下検討することとする．

Dosch and Wilson によると，多くの管理会計担当者は，管理会計ツールとしての標準原価計算の潜在的な利用に未熟であるか認知していない，という．潜在的に，標準の最も重要な使用は，戦略的な原価管理ツールとしての使用である．

Dosch and Wilson によると，マネジメントが製造オペレーションを管理するためにどのように総合原価計算を利用するのかについて，議論が，ほとんど見られず，人員相互や分析的・戦略的な管理技法にはほとんど議論が割かれていないという．総合原価計算を利用している製造業における管理会計の役割は，すべての工程に完全に占められており，伝統的な原価計算の役割を超えた優れたスキルが要請されている．

製造業において標準の利用が戦略的原価管理をいかに促進するかを類型化するために，Dosch and Wilson は，3社の一般消費者向けパッケージ食品製造業者のマネジャーに対してインタビュー調査を行った．その製品の均質性は，連続見込生産方式下における総合原価計算の理想的な適用を可能にする，総合原価計算環境下といえる．規模や複雑性が異なる消費者向けパッケージ商品製造業者3社（数十億ドル規模の巨大企業，5億ドル規模の大企業，小規模企業）を選択

しており，これら3社すべてが，総合原価計算と標準原価計算を採用している．

総合原価計算環境下においては，標準原価情報を集積し，結果を伝達し，業績を評価するために，管理会計はクロスファンクショナルに働くことが要請される．今日の管理会計は，製造，販売，配送のそれぞれのプロセスについて全社的な共通理解を共有しなければならない．そして，管理者が適正な意思決定をする際に，よい判断材料としての情報を持たなければならない．すなわち，今日の管理会計は，組織における戦略的なパートナーの役割を持つのである．

この3社へのインタビュー調査によって，実際に使用されている棚卸資産の評価や原価計算の方法が浮き彫りになった．注目すべき点は，戦略的原価管理の局面でこの情報がどのように採用されているか，ということである．3社の共通性は，企業規模に拘らず，各社の総合原価計算実務において，棚卸資産の評価に強調をおいているのではなく，実際原価よりむしろ標準原価を機能させており，早急な結果の伝達と顕著な差異を迅速に調査することや，標準原価の戦略的な使用に焦点をあてていることにある．ビジネス変革の必要性を伝達すること，標準原価を検討し，予算と比較することによってビジネス変革に働きかける可能性を示唆している．

また，インタビュー調査によって，「なぜ標準原価は，実際原価より望ましいのか」の洞察が，以下のようにもたらされた．第1に，予め決定された標準原価を用いて結果を伝達することは，実際原価データの計算を待つより，ずっと早い．第2に，標準原価は，月々の変動を起こす報告期間を通じて，一貫性を提供する．さらに，最も重要なことだが，標準原価は，会社全体で同一の業績評価を用いることによって，部門同士が協働することを可能にする．以下の特徴①～③は，今日のビジネス環境における組織に活力を与える．

① 部門横断的コミュニケーションの促進
② 組織全体を通じて，原価の測定と報告，原価管理における一貫性を確実にする
③ 結果をリアルタイムでフィードバックする

である．

Dosch and Wilson による調査研究による3社の分析に基づいて，総合原価計算実務は，オペレーションを効率的にかつ効果的に管理することができるよう，正確な標準インプット原価と標準量を開発することの努力に焦点をあてていることが明らかになった．

加えて，標準インプット原価の利用は，生産のために配備されるほとんどの原材料費とその他の資源を使用するかどうか，マネジメントが決定することを可能にする．販売部門が，期待される販売に基づいて標準として用いられる量を開発するとき，トップマネジメントは，製品収益性，プロダクトミックス，市場洞察力をよりよく評価することができる．

標準原価計算の他の重要な貢献は，部門だけではなく，マネジメントが事業業績に関する現在の財務情報をいかに早く得ることができるか，さらには，もし必要であるなら，直近あるいは長期の戦略をいかに早く修正することができるか，という点である．標準原価を生産量に適応させることによって，明確で正確な報告を即座に生成することができる．すなわち，実際原価データを待つ必要はなく，あるいは，タイミング，季節性，顧客注文パターンなどによる通常の上下変動に影響される誤った意思決定を行うことがない．

企業は，現在の事業環境に反応する能力において敏捷でなければならない．標準は，大規模企業のマネジメントも小規模企業のマネジメントも，長期的に生存するようビジネスを効果的に稼働させることに焦点を置いている．

最終的に，管理会計担当者が忘れてはならないことは，総合原価計算環境における標準原価道具立てへの重要な結合である．望ましい人間相互的なスキルは，標準原価の結果を開発し報告する際に，クロスファンクショナルな伝達を促進する今日のビジネス環境においては必要である．

次に，戦略的原価管理としての品質への対応について考察する．労働集約的産業や，いわゆる新しい製造環境においての戦略的原価管理への貢献期待はどうであろうか．

労働集約的産業であるホスピタリティ産業でも戦略的原価管理として貢献している．Depson and Hayes (2009, p.139) によれば，標準原価とは，最良のホ

スピタリティ・マネジャーは,「あるべきコスト」について認知したいと思うものであるが,マネジャーの第一義的な責任は,コストを削減することではなく,顧客に提供されるプロダクトやサービスの品質が適切であるコストを発生することである,としている.これは,コストより品質が重要であるということではなく,むしろ戦略的に品質への対応が重要であるという指摘である.ここでは,標準原価は,所与の特定の生産レベルで発生する,あるべきコストとして定義されている.さらには,標準原価は,すべての事業経費に対して設定されるべきであるとしている.特に,フードサービス産業において,標準原価を理解することは容易である.なぜなら,標準化されたレシピは,ある料理が調理されサービスされる方法が記されているので,標準原価を理解することは容易である,と指摘している.

以上により,総合原価計算下のみならず,労働集約的産業においても,標準原価の戦略的原価管理としての役割が期待される.

標準原価計算において,品質管理という戦略的な取り組みについての指摘もなされている.岡本(1969, pp.236-238)によると,標準原価管理において,発生した差額を分析すべきか否かは,従来,差額の絶対額,差額と標準の比率を計算するのみであり,あとは,原価計算担当者や経営管理者の判断に委ねられてきたとし,以下3つの指摘がなされている.

第1に,実績は必ず標準と一致すべきか,という指摘である.標準と実績を比較した場合に,むしろ差額の発生する方が通常である.それならば標準超過差額の発生は,常に望ましくないといいうるだろうか.あるいは発生した差額については,必ず発生原因を調査すべきだろうか.実際問題としてそれは不可能であるとすれば,どの程度の差額なら無視してよく,どの程度の差額ならば調査すべきだろうか.この点は従来,現場管理者の経験や判断に全く委ねられてきた.標準原価計算の核心が差異分析である以上,この問題は標準原価計算において重要な問題である.

第2に,正常な差異と異常な差異についての区別と処理についての指摘である.すなわち,無視してもよい正常な差異の存在の可視化である.調査を要す

る異常な差異との区別は，実は，原価計算の領域においてよりも，むしろ品質管理の領域において研究されてきた．

　第3に，一定の幅を持つ品質管理標準についての提唱である．偶然差異は不可避的に発生するものであり，管理不能であると考えられるために，標準そのものも，一定の値ないし1つの目盛りとは考えず，一定の幅を持つものと考えられている．つまり品質管理標準は，上限と下限を持つ一定の幅であって，品質の偶然的バラツキはすべてこの範囲内において発生するものであり，この範囲を超えて差額が発生しない状態であることこそ，品質が管理されていると考える．上限と下限の幅は，統計的平均の概念であるから，普通の工具についてこの技法を使用し，それによって原価標準を設定すれば，それは合理的に達成することの期待される現実的標準原価となる，と述べている．

　以上により，標準原価計算において，品質管理への対応はまだ研究の余地があり，戦略的原価管理の視野もさらに拡張されると予見できる．

5．ホスピタリティ産業の発展と原価管理

　妹尾（2006）によると，今後のサービスマネジメントを考えるうえで必要なものは，以下5つのイッシューである，という．すなわち，①サービスの「生産性の工場」と「イノベーション」，②サービス業と製造業の関係について，③サービスの「標準化」と「個性化」，④「所有」から「使用」へ，⑤「不足解消ビジネス」から「不安解消ビジネス」へ，である．

　特に，ホスピタリティ産業におけるマネジメントを考えるうえでは，③サービスの「標準化」と「個性化」をどう考えるか，が重要である．製造業では作業の単位化と標準化を基礎とした分業によって生産性を高め，大量生産への道を開拓し，製品自体も標準化と単位化によって共通化が確立した．

　同様に，サービス業においても，単位化（作業の分割化）と作業の標準化（マニュアル化）によって内部効率が高まり，生産性を高めていく，サービス自体も標準化（マニュアル化）によって内部効率が高まり，生産性を高めていく．

サービス自体も標準化と単位化の恩恵によって，グローバル化も進展する．ホスピタリティ産業による「サービス・マニュアル」は，成員のサービス品質を保証する規範であるし，いつどこででも一定のサービス品質が保持されるために，非常に重要な指針である．このサービスの標準化は，労働集約的産業への標準原価計算による原価管理の役割期待が認められうる．

しかしながら，サービスは標準化だけで語れるわけではない．よいサービスは標準化と相容れない側面も大きい．ホスピタリティ産業においては特に顕著であるといえる．顧客がカスタマイズされた要求を欲している場合には，その個別案件に対する臨機応変な対応が必要とされる．

妹尾（2006）によると，サービスは，① 対顧客サービスの効果性，② サービス供給プロセスの効率性，によって整理される．①が高いと個別対応重視となり，顧客に贅沢感や優越感をもたらし，①が低いと標準対応重視となり，顧客に安心感をもたらすことになる．また，②が高いと個別供給重視となり，生産性が上がりにくく，顧客に贅沢感あるいは割高感をもたらし，②が低いと標準供給重視となり，生産性が上がり価格は下がるが，顧客に割安感あるいは安物感をもたらすことになる．ホスピタリティ産業における顧客類型化については，高級志向と価格志向とともに，顧客は存在している[2]．

よって，ホスピタリティ産業のような労働集約的産業であっても，標準原価計算による原価管理の役割期待と考えるうえでは，すべてのサービスに標準原価計算が容易に適用されるとはいえない．① 対顧客サービスの効果性が低い場合，および，② サービス供給プロセスの効率性が低い場合は，標準重視となり，標準原価計算と親和性が比較的高いと思われる．ホスピタリティ産業への導入は，一元的な導入ではなく，顧客別セグメントを明確化したうえで，検討すべきである．

6．間接材への標準原価管理の貢献可能性

先の木島（1992）による指摘にもあるように，標準原価計算による原価管理

の分析対象は，製造間接費のみならず，販売費や一般管理費も分析対象とするに至っている．労働集約的現場が減少し，その一方で販売費や一般管理費は増大している．標準原価計算による原価管理の対象を考察するうえでは，標準原価管理の対象としてあまり重点が置かれてこなかった販売費や一般管理費も焦点をあてる必要があると思われる．

従来の原価管理は，直接労務費を中心とした原価低減を主眼としていたが，それ以外の領域への標準原価計算の適用についても考察すべきではないかと思う．そこで，その端緒として，従来は原価低減の主眼ではなかったいわば残された領域に着目し，標準原価管理の新たな適用について検討することにする．

栗谷（2009, pp.12-26）によると，その残された領域とは，製造原材料費以外のあらゆるモノ・サービスの調達コストである．一般に「調達」というとメーカーにおける原材料費を思い浮かべるが，実は，企業運営においては，ありとあらゆるモノ・サービスを外部から購入しており，それぞれの購入コストを積み上げてみると大変大きなコストとなっている．これらのコストを総称して「間接材」コストと呼ぶが，「間接材」コストこそ大幅なコスト削減が可能な残された領域としている．

また，間接材の多くは企業の業績に拘らず同様のコスト項目が発生している．たとえば，事務用品・コピー・自動車他各種リース・プリンタートナー・引っ越し・交通費などの諸費をはじめとして，宅配・チャーター便などの物流費，清掃・警備・ビル管理・各種設備保守・廃棄物処理などの施設関連費，カタログ・チラシ・宣伝広告などの販促費，IT保守・ネットワークなどのIT関連費やその他各種業務委託費などが挙げられており，企業運営のベースとなる多くの部分は各社共通で外部から調達しているモノ・サービスであり，経理の費目上は販売管理費に含まれるものとしている．加えて製造原価などの直接費的なコストの中でも，たとえば，メーカーにおける製品梱包費や工場の施設維持に関わる費用や，サービス業がビジネスに直結する業務以外を外部に委託している場合の業務委託費など企業の原価項目にも多くの「間接材」コストが含まれており，積み上げていくとそのコスト・インパクトは非常に大きなものと

なる，と指摘している．この指摘は，従来，製造原価を原価管理の主眼としていた点が限界を設けてしまっており，むしろこの枠外に着目することが企業経営で忘れられてはならず，むしろ，積極的に関わる必要性を示唆していると思う．

　この「間接材」コストの削減は企業の収益力・コスト競争力に直結しているといっても過言ではない，という．換言すれば，戦略的原価管理への取り組みにもなりうると思う．なぜなら，この「間接材」コストの削減に取り組んで大きな成果を挙げている企業と，そうでない企業とではコスト競争力において大きな差が生じている．原材料費のコスト削減や業務効率化の追求など，筋肉質の企業体質作りを推進している企業でも，この「間接材」コストへの取り組みが遅れているケースは多い，と指摘されている．

　栗谷（2009）によると，「外部調達費目は，販売管理費項目と原価項目に分類される．販売管理費項目における間接材は，諸費，物流費，施設関連費，販促費，IT管理費，その他業務委託費である．原価項目における間接材は，業務委託費，工場施設関連費，製造副資材費，製造原材料費である」(pp.12-13)．

　「間接材」コストに対する具体的なコスト削減の推進は企業のコスト競争力の観点から非常に大きなポイントとなる．と同時に，標準原価計算による原価管理の対象となりうるべき残された領域ともいえる．栗田（2009）によると，「間接材はさまざまな費用項目から構成されているが，それらを積み上げた総額は非常に大きい．総コスト（売上から営業利益を引いたコスト）から売上原価・人件費・減価償却費などを引いた残りを間接材コストとみることができる」(p.19)．この総額の大きい間接材に，標準原価管理を導入することは，原価管理上，有効が大きいと思われる．

　これらの間接材のコストは大幅なコスト削減が狙える残された領域といえる．企業において外部から購入しているコストの削減といえば製造原材料費の調達コスト削減をまず発想すると思うが，これらの原材料費は専門の購買部門によって，すでに長年にわたってコスト削減の取り組みを実施してきているケースが多い，それに比べれば「間接材」の削減は後手に回っている場合が大

半ではないだろうか．実際に間接材のコスト削減を実行してみると，「短期間で，かつ，大幅なコスト削減」が実現できることに驚くこととなる．

　栗谷（2009）によると，間接材のコスト削減余地が大きい主な理由としては以下のような内容が挙げられている．すなわち，

① 間接材の専門管理部門の不在のため組織的な取り組みが遅れている
② 馴れ合い・聖域化のため，コスト高を生む調達習慣がある
③ コスト削減アプローチが不明なため，テクニカルな問題が存在している
④ コスト削減に対するインセンティブが欠如している
⑤ 経営認識の誤りが存在している

の5つの理由である（pp.13-17）．この削減余地のある理由のうち，③のコスト削減のアプローチとして，標準原価計算による原価管理を導入する可能性を見出すことができる．

　栗田（2009）によると，間接材コスト減のアプローチが4段階に分けられている．すなわち，第1段階はコストデータの整備，第2段階は削減アプローチ・余地の特定，第3段階は交渉・削減の実施，第4段階は定着化，である．第1段階は，コスト削減に必要な基本データを整備し，コスト削減の検討単位を決定することである．第2段階は，コスト構造などを把握したうえで，ベンチマークや原価推計による原価削減目標と戦略を決定することである．第3段階は，具体的な削減余地の実現である．第4段階は，コスト削減効果の継続と，体質改善に向けた業務プロセス・組織・昨日の見直しを行うことである（p.26）．

　この各段階は，標準原価管理の一連のサイクルが適応されると思われる．すなわち，第1段階のコスト削減の検討単位は原価標準の設定，第2段階の原価削減目標は標準原価の算定，第3段階の削減余地の実現のためには標準原価差異の算定および分析が有効であり，第4の定着化には原価差異分析後のフィードバックが導入しうると思う．

　この残された問題としての間接材への標準原価管理の導入は，新たな標準原価管理の領域の拡張になる可能性があると思う．コスト削減の意識や取り組みを組織に定着化することがコスト削減効果を維持するためには不可欠であるの

で，一過性の取り組みではなく，システム化した取り組みが必要になる．標準原価計算を原価管理のシステムとして定着化することは，継続的な取組みのためのシステムの構築にも役立つものである．

7．まとめにかえて――諸外国との調和

木島（1992）によると，標準原価計算の誕生以降を回顧すると，原価管理型原価計算制度として発達してきたが，製品の多様化や構成要素の複数化による実際原価の把握の困難性と情報入手の迅速性の要求から，損益計算型標準原価計算制度の役割期待が増している，と指摘している（p.207）．

今後の標準原価計算についての役割期待を考察するうえでは，損益計算型原価計算制度やIFRSの影響を無視することはできない．IFRS下における標準原価計算について，櫻井（2012）によって，以下4つの指摘がなされているが，そのうち，標準原価計算による原価管理に関わる問題について，以下考察することにする．棚卸資産原価算定のための標準原価計算についての考察，真実の原価としての標準原価についての考察は，標準原価計算の展望を探るうえで必要不可欠である[3]．

櫻井（2012, pp.288-289）によると，IFRSによって提起される「原価計算基準」との関係は，以下の4つに集約されている．

第1は，IFRSでは「標準原価計算の計算結果が実際原価と近似するならば，便宜的に標準原価計算を許容する」という文言から，現行の『原価計算基準』の解釈のように，標準原価計算こそが真実の原価だといえるのかが問題となる．

第2には，IFRSでは「標準原価は材料費，消耗品費，労務費，能率と操業度について，正常な水準で設定されなければならない」とされているが，「基準」でいう現実的標準原価は正常な標準の範疇に入るかが検討されるべきである．

第3は，IFRSでは，「標準原価は定期的に見直し，必要あれば，当期の状況

に照らして改訂しなければならない」とあるが，標準原価の改定頻度は年1回でも許容されるかが問題となろう．

　第4に，現在のように，正常な原価差異であれば売上原価として処理できるかも問題となろう．

　他方では，標準原価計算の諸外国での現状や動向にも注視すべきである．水野（2013）の報告によると，中国における標準原価計算の導入がめざましい．中国公認会計士試験科目「財務原価管理」の試験範囲にも標準原価計算が含まれており，標準原価の設定，標準原価の差異分析が取り扱われている．

　また，昨今中国での活動が活発化しているIMAによる管理会計実務と技法についての調査研究（2002年）によると，管理会計方法の適用状況について200社中118社の有効回答を得ており，44社（37.3%）標準原価分析を導入している．さらに，77%が標準原価管理を「非常に重要」と回答しており，「重要」（8%），「中立」（15%）を大いに凌いでいる．

　標準原価計算のメリットはこれまで検討したように，特に製品原価に関する原価情報は，

　① 標準原価は経営計画設定における有用な資料となる．
　② 標準原価は業績評価を行う際，有効な手段として活用できる．
　③ 標準原価を決算システムに組み込むことは，記帳を簡略化し，結果として財務諸表の迅速化を図ることができる．

　一方，西村・大下（2007）によると，「標準原価計算も新しい形をとりながら発展しており，標準原価計算による原価管理は管理会計研究の重要な要素である．その意味からも，原価企画と関連させながら，標準原価管理の今後の役割について，さらなる検討が必要になってくる」といった見方もある（p.66）．

　原価企画を優先して実施しているので標準原価計算は活用していない，といった意見に対しては，原価低減を志向するならば活動基準原価計算や原価企画といった管理手法と標準原価計算の併用も十分可能であることが指摘されている（中井，2013, p.61）．

　標準原価計算が開発されて以来，相当の年月が経過しているが，製造間接費

の配賦の仕方さえ社内合意が得られれば，原価管理・利益管理目的に対し，現在でも有効に機能することが期待できるのである．

1) Cheatham and Cheatham の標準原価差異分析への提言による標準原価計算の差異分析の最新化の所論に基づく戦略的原価差異分析について述べた（田代，1999）．
2) ホスピタリテイ産業における顧客類型化については，田代（2006）で述べている．
3) 棚卸資産原価算定のための標準原価計算については，櫻井（2012, p.135）に指摘されている．「IFRSでは，棚卸資産原価を測定するための技法として標準原価計算を用いることは，標準原価が実際原価に近似する限りにおいて便宜上許容される．標準原価は材料費・消耗品費，労務費，能率と操業度について，正常な水準で設定されなければならない．標準原価は定期的に見直し，必要があれば，当期の状況に照らして設定しなければならない（IAS2.21）とされている．
　「基準」では，現実的標準原価または正常原価であれば，標準原価が真実の原価として棚卸資産に活用し，原価差異は原則として売上原価として処理することが許容されている．その理由は，技術の発展や環境の変化が現代ほどではなかった1960年代の初等には，1年を待って標準原価の改定を行っても，それを真実の原価と考えることができたからである．しかし，現代のように環境の変化が激しい時代には，四半期ごとに標準原価を改定する企業もある（清水・小林・伊藤，2011）．このような時代には，短期的な改訂を前提としない標準原価をもって真実の原価だと考えるのはムリがあるといった意見もあろう」．

参 考 文 献

岩淵昭子（1999）「原価概念に関する一考察」『東京経営短期大学紀要』第 7 巻，105-114.
岡本清（1969）『米国標準原価計算発達史』白桃書房．
木島淑孝（1992）『原価計算制度論』中央経済社．
栗谷仁（2009）『最強のコスト削減』東洋経済新報社．
小林健吾（1988）「FA における標準原価計算と予算管理」岡本・宮本・櫻井編著『ハイテク会計』同友館．
櫻井通晴（1997）『管理会計』同文舘出版．
櫻井通晴（1998）『管理会計』（第 2 版）同文舘出版．
櫻井通晴（2012）『管理会計』（第 5 版）同文舘出版．

清水孝・小林啓孝・伊藤嘉博（2011）「我が国原価計算実務に関する調査（第3回・終）総合原価計算と標準原価計算」『企業会計』第63巻第10号，1505-1517.

東海林健吾（1941）『標準原価の理論と応用』ダイヤモンド社.

妹尾堅一郎（2006）「サービスマネジメントに関する5つのイッシュー」『一橋レビュー』104-119.

妹尾剛好・福島一矩（2012）「日本企業における原価企画の探究的研究—製造業と比較したサービス企業の実態—」『原価計算研究』VOL36, No.1, 45-65.

田代景子（2006）「ホスピタリティ産業におけるレベニュー・マネジメントの有効性価格設定」『浜松大学研究論集』第19巻第1号，75-84.

田代景子（1999）「標準原価計算の原価差異分析への提言」佐藤進編著『わが国の管理会計』中央大学出版部，153-174.

田代景子（2010）「標準原価計算の戦略的原価管理への役割期待」『浜松大学研究論集』第23巻第2号，83-91.

中井和敏（2013）「標準原価計算の有用性」『東洋学園大学紀要』第20巻，47-63.

西村明・大下丈平（2007）『ベーシック管理会計』中央経済社.

中山隆佑（1963）「理想標準原価除外についての考察」『産業経理』第23巻第1号，86-94.

中山隆佑（1962）「理想標準原価追放の決断」『企業会計』第14巻第15号，120-126.

永野瑞穂（1962）「『原価計算基準』に関する若干の考察」『企業会計』第14巻第15号，134-140.

水野一郎（2013）「中国における管理会計のイノベーション」日本会計研究学会第72回大会統一論題報告（平成25年9月5日）.

山邊六郎（1961）『原価計算論』千倉書房.

Depson, Lea R. and David K. Hayes(2009), *Study Guide to Accompany Managerial Accounting for the Hospitality Industry*, John Wiley.

Jennifer Dosch and Joel Wilson(2010), Process Costing and Management Accounting in Today's Business Environment, *STRATEGIC FINANCE*, August, 36-43.

第3章　原価計算システムの影響機能
―――目標整合性の促進とインタラクティブ・コントロール
　に関する考察を中心として―――

1．はじめに

　伊丹（1986）によれば，経営管理システムのほとんどは，情報システムとしての機能と影響システムとしての機能を同時的に有しているとされる．ここで，情報システムとしての機能（以下，情報提供機能）とは，組織の上位者に対して意思決定に有用な情報を提供する働きであり，影響システムとしての機能（以下，影響機能）は，下位者の行動に対して組織にとって望ましい影響を与える働きである．原価計算システムも例外ではなく，両機能を必然的に具備すると考えられる．標準原価計算システムを例にあげれば，原価目標の設定や原価測定を通じて，現場の人間の行動に対して望ましい影響を与えるという機能と，工場の管理者が適切な意思決定を行うことを支援するために原価に関する情報を提供するという機能をほぼ常に有する．伊丹（1986）が指摘するように，そのような二面性を持つということは，「複数の機能を一つの制度で果たせて効率がいい」（p.65）ともいえるが，「必ずしももって欲しくない機能」（p.65）を具備してしまい，組織に悪影響を及ぼす危険性に常にさらされるということでもある．

　このような理解に基づけば，原価計算システムの構築にあたり，影響機能と情報提供機能のいずれにより重要性を置くのかを明らかにし，それに沿うようなデザインを志向し，かつ意図しない逆機能の発生に対する方略を十分にとることが必要であろう．加登（1993, p.163）が指摘するように，「影響システムと

して会計を利用することが，実態の正確な写像を目指す会計よりも優先される状況が存在する」こともあるし，また，その逆の状況もありうるであろう．たとえば，情報提供機能を重視して会計システムを利用したい場合，できるだけその影響機能は排除したいと考えることがあっても不思議ではない．以上から，原価計算・管理会計システムにおける影響機能に関する研究，とりわけその影響メカニズムを解明する研究は，重要な意義を有しているといえよう．

廣本（1986, p.73）によって，「ASOBAT以来，会計は情報システムであるという認識が定着し，影響システムであるという側面がややもすれば軽視される傾向があった」と指摘されているが，日本では，近年のミニ・プロフィットセンター・システムに関する研究の増大に伴い，管理会計システムの影響機能に関する研究は増えつつある[1]．たとえば，アメーバ経営システム（渡辺，2012；2013c；2013d），シェアードサービス・センター（園田，2004），あるいはオープンブック・マネジメント（菅本，2006）などの特定のシステムの影響機能に言及する研究や，ある特定の管理会計システムの一部を構成するプロセスや手続きの影響機能に焦点を当てた研究もある．後者の例としては，インセンティブ報酬（梶原，2005），具体的で高い目標（古賀，2010），非財務指標（松尾，2005）などの研究があげられよう．

しかし，原価計算システムや管理会計システムの影響機能を散発的に検証する研究は増加してはいても，それを体系的に整序する研究はいまだ存在しない．そこで，本章では，特に原価計算システムの影響機能の意義，影響の目的およびその方法について，伊丹（1986）の枠組みを援用して整理してみたい．

2．影響の機能と目的

ここでは，影響機能について伊丹（1986）に沿って詳しく考察したい．まず影響の主体は，階層的組織における上位者である．そして，影響の対象は，下位者に権限委譲された意思決定であり，その意思決定プロセスを構成する前提や要因である．意思決定そのものは下位者に任せているが，下位者がその決定

を下すまでのプロセスに影響を与えようというわけである．それによって，指令や命令に依らずして，下位者が自ずと組織にとって望ましい意思決定を下すよう導こうとしているのである．つまり，影響をおよぼす目的の一つは，下位者の意思決定の前提や要因の決定に上位者が関与し，その意思決定を望ましい方向に導くことである．このことは，下位者の意思決定ベクトルを組織全体の最適化にリンクさせるということであり，下位者の個人的目的と組織目標ひいては企業の戦略との整合性の促進を目指していると換言できる．

しかし，影響の目的はそれだけではない．望ましい行動を生起させたいだけならば，上位者が命令を下せばよい．下位者に意思決定を任せ，それを「導く」必要はない．もちろん，現実的には，すべての意思決定を上位者が下すことはできないであろうから，ある程度の範囲については下位者に任せる必要がある．しかし，このことは意思決定権限の下位者への委譲を前提とする消極的な理由でしかない．では，その積極的な理由とは何か．端的にいえば，下位者のモチベーションを促進したいためである．下位者の行動を望ましい方向にむけたとしても，その方向に進むことに対する努力量が確保されなければ，効果は期待されないからである．下位者の努力を引き出すためには，その人間的要素に対する配慮が欠かせない．人は，任され，選択の機会が与えられれば，自己決定の認知が高まり，ひいては自律的なモチベーションが促進される（Deci and Ryan, 985）．さらに，もっと根源的にいえば，選択をすることは人間の本能であり，その疎外は人間の活力を奪うのである（Iyengar, 2010）．

以上のように，影響のもう一つの重要な目的として，望ましい方向に進むモチベーションを促進するということが期待されているのである．これは，影響の対象が下位者に委譲された意思決定であると措定される以上，必然的に導出される重要な行為目的であるともいえる．しかし，影響というマネジメント行為が委譲を必ず伴い，それがモチベーションに促進的であるとしても，具体的なモチベーションへの影響方法はそれにとどまらない．影響機能は多様な経営管理システムのそれぞれに内包され，その種類によってモチベーション促進のための具体的な影響方法の内容は相当異なる．原価計算システムを通じても，

具体的に相当程度きめ細かく影響を与えうるし，その内容は個別企業によって多様なのである．

　ここまでにおいて，経営管理システムを影響システムとして利用する場合の目的は，目標整合性とモチベーションの促進であることが指摘された．以降では，原価計算システムという経営管理システムのサブ・システムを通じて，それらの目的の達成に具体的にどのように寄与しうるのか，その方法論について言及しなければなるまい．本来であれば，両目的を実現するための方法は密接に関連しており，網羅的にその方法論について議論し，あわせてその相互連関について言及すべきであろう．しかし，紙幅の関係から，本章では目標整合性の促進にのみ焦点を当て，そのために具体的に原価計算システムを通じてどのような影響を与えうるのか，その影響方法を体系的に整序したい．

　以下では，伊丹 (1986) のマネジメント・コントロールの枠組みを援用し，原価計算システムを通じた具体的な影響方法を，認識基準への影響，情報への影響，代替案への影響，および個人的目的への影響，という四つの次元に分類し，考察したい．

3．認識基準に対する影響の方法

　最初に認識基準への影響方法について言及しよう．ここで認識基準とは，組織の下位者が自分のところに集まる（集めた）情報を取捨選択し，行動の必要性を認識する際に利用される基準を意味している．原価計算システムの文脈でいえば，実績値と比較される，事前に設定された目標値である原価標準や原価予算などの原価目標が，現場管理者の認識基準となろう．たとえば，期中に材料費の実績情報が，ある製造部門にフィードバックされたとする．しかし，もし材料費の消費状況を判断するための認識基準が，当該の部門に存在しなければ，つまりその実績情報のみでは，以降の材料の消費行動に変化を生み出すことは困難であろう．フィードバックされる情報そのものに意味があるのではない．フィードバックされた情報の意味は，その受け手の有する認識基準（準拠

第3章　原価計算システムの影響機能　53

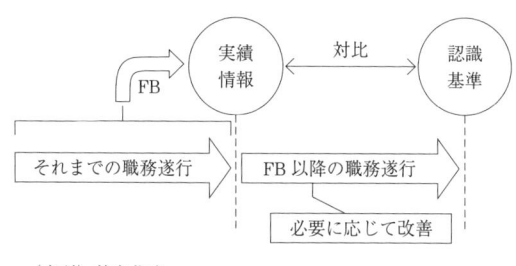

図3-1　認識基準に対する影響の方法

認識基準への影響の方法
① 認識基準を設定するか
② どこに設定するか
③ どの程度詳細に設定するか
④ どのように設定するか
　（トップダウン型・参加型）
⑤ どのくらいの水準に設定するか

（出所）筆者作成

枠）に基づき，主観的に判断されるのである（Ilgen et al., 1979）．

　もし，公式的な認識基準たりうる材料費予算が設定されていたとしたらどうであろう．予算を基準として実績情報を解釈して，これまでのような材料の消費状況では予算の達成が難しいと判断されれば，材料の消費行動に関して，何らかの改善を施す必要性が認識されることとなろう．そのうえで，現場管理者自らが材料の効率的な利用に関する意思決定を下すことになれば，通常の組織ならば資源の効率的利用は普遍的に求められる組織的目標であるので，目標整合性の確保のための影響は成功したといってよい．

　現場管理者には，材料の効率的利用に関する意思決定の権限が任されており，そして自らその意思決定を下すとすると，上位者はどこに関与しうるのであろうか．それは，当該意思決定に至るプロセスの構成要素である材料費予算設定の是非の決定，予算の設定方法の決定，さらには予算の水準の設定においてである．つまり，部門別に材料費予算を設定することを上位者が決定したり，現場管理者の意見を踏まえて予算を設定する方法の採用を決めたり，そして実際に予算の水準を現場管理者を交えて決定したりすることこそが，現場管理者の材料関連意思決定に関連する認識基準への具体的な影響の方法なのである．

　上位者は，下位者に対して認識基準を設定するかどうか，設定するとしたらどの組織単位に設定するのか，認識基準の設定対象の費目の範囲や詳細度はどうするのか，どのように設定するのか，そして，具体的にどの水準に認識基準

を定めるのか，といった決定あるいは決定のプロセスを通じて，下位者の認識基準に影響を与えうるのである．

4．情報に対する影響の方法

　原価計算システムを通じた情報に対する影響の方法としては，認識基準と対比される実績情報の利用環境を整備することが挙げられよう．より具体的にいえば，実績情報のフィードバックをタイムリーに行うことである．いくら認識基準が適切に設定されたとしても，実績情報のフィードバックがタイムリーでなければ，組織目標の達成ために必要な行動を適切に修正あるいは強化することはできないのである．Ammons（1956）や Salmoni et al.（1984）では，フィードバックを受領するタイミングが遅れるほど，パフォーマンスに対するフィードバックの効果は小さくなるとされており，そのタイムリーさの重要性が指摘されている．たとえば，Salmoni et al.（1984）では，フィードバックのタイミングが遅れれば，遂行した行動に関する記憶も薄れるし，遂行行動を修正するための判断基礎が得られず，今後取るべき行動に関する方針も定めることができない，とされている．

　近年のミニ・プロフィットセンター・システムや会計的フィードバックの研究（たとえば，三矢，2003；2007）においては，日次での会計的フィードバックの有効性が検証されており，月次単位のフィードバックだけでは，タイムリーさに欠けることが示唆されている．少なくとも，月間に1回ではなく複数回のフィードバックを行い，その頻度を高めることが必要であろう．Ilgen et al.（1979）によれば，心理学の文献における一般的な理解では，個人に与えられるフィードバックの頻度は高ければ高いほどより良いとされているし，Anderson et al.（1971），Ivancevich et al.（1970），および Salmoni et al.（1984）によれば，フィードバックが頻繁に行われるほど，パフォーマンスは向上するとされている．会計関連の先行研究でも，たとえば Cook（1968）では，フィードバックの頻度とその受け手のパフォーマンスの間に正の相関関係があること

が明らかにされている．しかし，Chhokar and Wallin（1984）では，週次と隔週次の会計的フィードバックではパフォーマンスの水準にあまり差がないことも明らかにされており，Luckett and Eggleton（1991）が指摘するように，多様なタスク状況における「最適な」報告期間の認識に努めることが必要であろう．

以上のように，フィードバックのタイムリーさを確保するために，その頻度を高めた方が良いという言説を受け入れるとしても，そのフィードバックの内容が会計情報である必要はあるのであろうか．原価管理や予算管理のための原価計算を月次単位で実施している場合，月末ごとにフィードバックが行われるのが実務における通例であるとしても，同時に，月内に複数回の物量単位による職務の遂行結果に関するフィードバックが行われることがほとんどであろう．会計情報によるフィードバックは物量情報によるそれと比して有効なのであろうか．近年，こうしたリサーチクエスチョンを展開し（たとえば渡辺，2008；2013b），それに応えようとする実証的研究が実施されつつある（たとえば福島ほか，2013；渡辺，2013a）．それに伴い，会計情報は物量情報よりも対比のアンカリング効果が作用しやすいため[2]，フィードバックの受け手が達成や貢献の実感をより得やすく，フィードバック情報としての効果が高いのではないかといった点が明らかになりつつある．

また，Locke and Latham（1984）によれば，ある人に対して，その人がした仕事の質（または量）について一貫したフィードバックを与えれば，その人は，どのようなフィードバックの場合は，自分の仕事がうまくいっており，あるいは自分の仕事がうまくいっていないかといった基準を自然に作る，とされている．仕事の結果を測定すれば，それがうまくいっているかどうかを知りたいと思うのは自然なことであり，そのためには基準が必要であろう．したがって，理論的にいえば，たとえ管理者によってはっきりした目標が割り当てられない場合でも，系統だったフィードバックを与えれば，そのことが非公式な目標の自己設定が促進されると考えることができるのである．このことを踏まえ，渡辺（2008）は，図3-2に示したように，フィードバックの頻度を高めれば，そのフィードバックのスパンごとのPDCAサイクルが創出される可能性を指摘

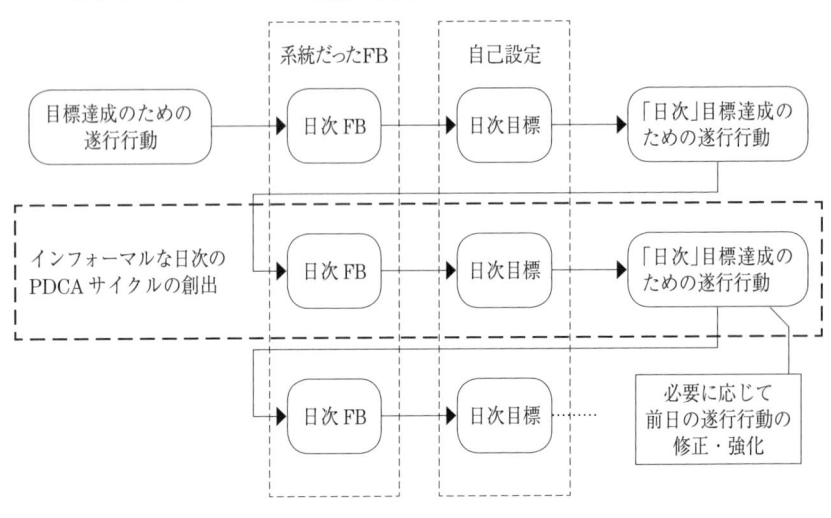

図 3-2 フィードバックの頻度の促進による超短期の PDCA サイクルの創出

```
                          系統だったFB      自己設定
目標達成のための    →   日次FB    →   日次目標   →   「日次」目標達成の
遂行行動                                              ための遂行行動

インフォーマルな日次の   日次FB    →   日次目標   →   「日次」目標達成の
PDCAサイクルの創出                                    ための遂行行動

                         日次FB    →   日次目標 ……    必要に応じて
                                                     前日の遂行行動の
                                                     修正・強化
```

（出所）筆者作成

している．つまり，たとえば，日次でフィードバックを行うことで，公式の月次目標とは別に，その達成につながるように従業員自らが日々の目標を自己設定し，自己評価を行うようになりうる，ということである．換言すれば，フィードバックの適時性を高めることで，スパンの長い公式の認識基準（たとえば月次目標）とは別に，よりスパンの短い非公式の認識基準が（たとえば，週次や日次の目標）が創出されうる，ということである．

以上より，実績情報の利用環境を整備し，その適時性を高めることは，情報に対する影響であるとともに，それを継続することによって非公式の認識基準が形成されることもありうるため，認識基準に対する影響といってもよいであろう．

5．代替案に対する影響の方法

人は，実績情報を認識基準と対比させた後に行動の必要性を認識すれば，次

にいかなる行動を遂行すべきかに関する意思決定を行う．その際に，まずは複数の代替案を想起し，そのうえで，その諸代替案の中から，当該の組織成員の個人的な目的に照らして最適な結果が得られる案を選択する．もし，原価計算システムを通じて，組織成員に対して組織目標の達成に最も寄与する代替案の選択を促すことができれば，目標整合性の確保に寄与しうるであろう．そのための具体的な影響の方法論としては，上位者が下位者の想起する代替案の範囲に一定の会計的な枠を設定すること，あるいはその代替案に何らかの会計的な制約条件を課すことが考えられる．そうすることで，下位者が想起する諸代替案の中に，組織目標の達成にとって望ましい案が含まれ，望ましくない案が除外されるようになることが期待されている．

このように考えると，上述した認識基準の具体的な水準を決定する段階において，たとえば，材料費予算をかなり達成が困難な厳しい水準に定めた場合，それは認識基準に対して影響を及ぼし，材料消費行動の改善の必要性を認識させることに寄与するとともに，同時に代替案に対しても影響を及ぼしているといえよう．すなわち，厳しい水準に設定されているがゆえに，今までの延長線上の「並み」の改善活動を遂行するという案が除外されれば，代替案に制約条件が課されたと考えることができるのである．

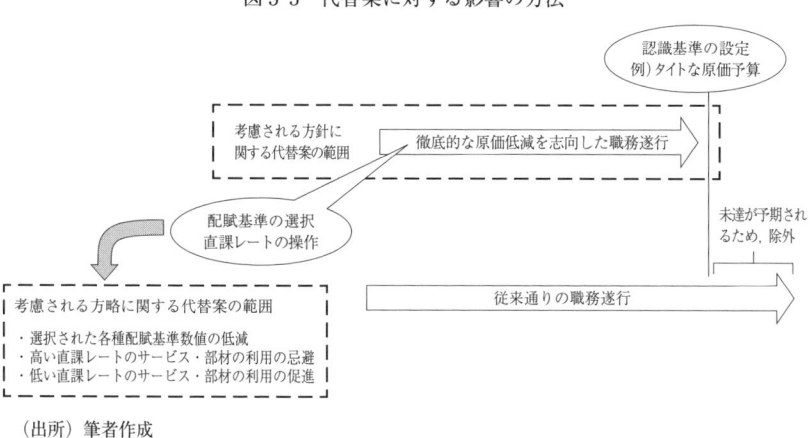

図3-3 代替案に対する影響の方法

（出所）筆者作成

以上のほかに，製品原価を集計するプロセスの諸手続きにおいても，下位者の代替案に影響を及ぼす重要な方法がいくつか存する．すなわち，製造直接費の直課レートの設定や，製造間接費の配賦基準の選択である．特定の製品の原価に利益責任を有するプロダクト・マネジャーにとっては，自分の責任範囲の製品の原価低減は非常に重要な課題である．そのために製造直接費の賦課額や製造間接費の配賦額を減らしたいと考えた場合，直課レートや配賦基準の数値に焦点が当てられるのは必然であろう．目標達成のために想起される，いわば方略に関する代替案の中に，直課の背景にある直接サービスの利用量の縮減や配賦基準値の低減が含まれ，それらに反する行動案が除外されたとしたら，代替案の範囲に一定の枠が設定されたということができる．

　たとえば，岩井（1983, p.85）は，日立製作所の清水工場（当時）では「間接費を部品種類別数に応じて製品にふり分ける標準化割制度を設け，標準部品を多く使用している製品ほど原価が安く計算され」ていたことを明らかにしている[3]．製造間接費の配賦基準として部品点数が利用されていたということであるが，興味深いのは，プロダクト・マネジャーあるいは製品設計者に対する影響が明確に企図されていたという点である．このような配賦基準が選択されていれば，プロダクト・マネジャーらは，製品原価の低減のために設計段階において標準部品を利用し，部品の種類数を少なくするように方向づけられるであろう[4]．つまり，設計段階において当事者が選択しなければならない多くの代替案の範囲に，一定の枠が設定され，部品数が過度に多くなるような設計案は除外されるようになるわけである．

　結果として，その多くが固定費である製造間接費そのものに対する短期的な低減効果は低くとも，廣本（1986）が指摘するように，標準部品の大量購入による値引き要求や，製造，保守，あるいは点検などのしやすい部品数の少ない製品となったことによる工場全体としての原価低減が可能となるのである．配賦基準の選択を通じて組織成員に影響を与えようとする場合，現実的にいって，製造間接費は低減の主たる対象となりえない．たとえば，原価発生原因主義のパースペクティブからすれば，自動化が進んだ工場における製造間接費の

配賦基準としては機械稼働時間が適切であろう．しかし，そのような工場の製造間接費のほとんどが固定費であり，プロダクト・マネジャーが機械稼働時間の低減を目指したとしても，短期的には製造間接費の低減効果は望めないのである．そこで，原価発生原因主義にはある程度悖るかもしれないが[5]，製造間接費に関するコストドライバーというよりもむしろ，工場全体のより効果的な原価低減につながるコストドライバーを探索し，それを配賦基準として用いるという影響目的重視の原価計算システムの設計が行われうるのである[6][7]．

代替案に対する影響は，直接費の処理を工夫することでも及ぼすことができる．ここでも，標準部品の利用を促し，非標準部品の利用を抑制するケースを考えよう．単純に考えれば，標準部品の単価を安く設定し，非標準部品のそれを高く設定すれば，前者の利用が促進され，後者の利用は抑制されよう．とはいえ，実際の購入代価を人為的に根拠もなく操作することは望ましくない．被影響者の納得を得るためには，単位原価の算定プロセスに一定の合理性がなければなるまい．そこで，材料副費の配賦基準や配賦レートを工夫して，標準部品には少なく，非標準部品には多く材料副費が配賦されるようにすることが考えられよう．このようなケースに限らず，あるサービスの利用量を縮小させたい場合，あるいは増大させたい場合に，当該のサービスの提供部門から利用部門へのチャージレートを合理的に操作することも，代替案に対する影響の方法としては有効である．たとえば，補助部門が製品あるいは製造部門に直接的にサービスを提供していて，配賦ではなく直課によってその負担額の集計が行われようとしているとする．もし，プロダクト・マネジャーや製造部門管理者に，当該の補助部門サービスの利用を促したい場合は，直課レートを低めに設定すればよい．逆に，当該補助部門の規模をできるだけ縮小したい場合は，直課レートを高めに設定し，その利用量の抑制を促すべきである[8]．

6．個人的目的に対する影響の方法

ここまで認識基準および代替案に対する各種の影響の方法を考察してきた

が，それらが実際に有効に機能するためには，満たさなければならない必須の条件がある．それは，設定される認識基準の種類やその具体的水準，あるいは代替案の範囲に対する一定の枠組み・制約条件が，被影響対象である下位者に受容されていなければならない，ということである．認識基準は，原価予算などの期間的な組織目標として具現化され，代替案の範囲の会計的な限定は，期間目標を達成するための方略的な組織目標を設定することにほぼ等しい．このように考えると，それらの組織目標の受容を組織成員にいかに促すかということが重要な問題であることが分かる．上位者としては，組織目標に対する下位者の理解を促進し，その組織目標が下位者の個人的目的に転化するように，換言すれば，組織目標を達成することが個人的目的を達成することにつながるように，努力しなければならないであろう．

　伊丹（1986）のフレームワークでは，個人的目的に対する影響の方法として，社内教育によって経営理念を周知徹底させること，愛社精神の涵養を図ること，あるいは経営参加制度を促進することなどが挙げられている．また，目標設定理論の大家である，Locke and Latham（1984）によると，組織目標が下位者に受容されるためには，次の諸点が大事であるとされている．第1に，設定される目標が従業員個人と組織双方にとって理にかなっていることを簡潔に説明することである．第2に，目標達成のプロセスにある下位者に対して上位者は支持的に行動し，両者の間に信頼関係が醸成されるよう努力することである．第3に，目標達成のインセンティブを適切に供給することである．第4に，目標設定への下位者の参加を促進することである．

　以上のような手段の実践は，目標の受容の促進にとって必須であるとしても，たとえば，原価目標などの受容が促進されやすくなるように，原価計算システムのデザインを工夫する余地はあるのであろうか．実は，管理会計が実務に普及し始めた頃には，すでに目標の受容の重要性が管理会計研究者の間でも認識され，議論されていた．たとえば，Simon et al.（1954）では，現場の管理者たちの原価標準に対する受容を促すためには，データ記録の正確性，設定される標準の水準が合理的に達成可能な水準であること，および設定される標準の範囲

が管理可能なものに限定されていること，以上が必要であると指摘されている．

　データ記録の正確性については，現代の会計環境ではおおよそ担保されるものと考えられるので，残りの合理的な達成可能性と管理可能性の二つの問題について言及したい．まず，合理的達成可能性についてであるが，これは設定される原価目標の水準が，目標設定される下位者にとって達成不能であると認知されると，当該の目標の受容が抑制されるので，合理的に達成可能な水準に設定されるべきであるということに関連している．ここで重要なことは，その達成可能な水準とは，下位者の主観的認知によって決定され，客観的な測定が困難であるということである．同じような業務遂行能力を有している組織成員でも，主観的に達成可能と認知する水準は相違しうるということであり，このように考えると，受容された目標水準こそが，合理的に達成可能と認知された水準であるとみなすことが妥当であるかもしれない．そうだとするならば，合理的達成可能性という要素を目標の受容促進のための考慮事項として位置づけるのではなく，達成が困難な目標水準をいかに合理的に達成可能と下位者に認知してもらえるか，すなわち受容してもらえるかといった，目標設定の効果性に関わる問題として検討していくことがより重要であろう[9]．

　次に，管理可能性について言及しよう．設定される原価目標の範囲内に管理不能費が含まれていると，目標の受容が損なわれるため，管理可能な費目に限定すべきであるという言説が，実務における現実は別として，研究者サイドにおいて伝統的に展開されてきた．理論的に考えれば，Simon et al. (1954) が指摘するように，自己の責任範囲を越える管理不能な要素を混入させれば，当該の目標の受容は抑制されるであろうということは，容易に想定できる．自己によって管理不能な要素次第で，意図せざる目標未達あるいは逆に意図せざる目標達成が実現してしまうことが事前に予期されれば，そのような目標を自己の目標として受容することは難しくなろう．しかし，現実には，そのような想定の通りではない会計実践が多く観察されてきた．そこで，管理会計の研究者は，そのような実践を説明しうる概念装置の開発に力を入れてきたが，近年，インタラクティブ・コントロールという概念が注目されつつある．これについては，

節を変えて詳述しようと思う．

7．代替案への影響とインタラクティブ・コントロール

　Simons（1995）によれば，インタラクティブ・コントロール・システム（以下，ICS）は，経営者が部下の意思決定活動に規則的かつ個人的に関与するために利用する公式的な情報システムである，と定義されている．この定義の難解さは，部下の意思決定活動に経営者が「個人的（personally）」に関与するために「公式的（formal）」情報システムを利用する，としている点である．規模の大きな組織ならば，経営情報システムは複数のサブ・システムから構成されており，その意味で公式的な情報システムは組織内に複数存在しているといえる．Simons（1995）は，これらの「公式的」な情報システムのうちいずれかを，経営者が必要に応じて選択して，ICSとして利用するとしている．当該のシステムをめぐり部下たちの間にインタラクションを生起させたい（部下が自らインタラクションの意思決定を下すように導きたい），と経営者が「個人的」に考えるシステムが選択される．では，経営者はなぜインタラクションを起したいのであろうか．端的にいえば，インタラクションを通じて部下たちに新しい情報を探索し，学習をして欲しいからである．経営陣が自ら立案した現在の戦略に脅威を与えたり，弱体化させる恐れがある不確実性（戦略的不確実性）に対処するために，その学習が必要と考えるからである．その対処のための学習の結果，今までと異なる新しい試みや，予想外の新しい戦略が創発されることも期待されているといえよう．

　以上を要するに，インタラクティブ・コントロールとは，部下がインタラクションを自ら生起させ，持続するように影響を与えることであると考えることができる．Simons（2005）によれば，影響を与えるために，上位者は組織に創造的な緊張状態（creative tension）を生じさせなければならないとされている．そして，その会計的な方法論として，困難な目標の設定，間接費の配賦，および振替価格の設定が挙げられている．以下では，Simons（2005）の指摘をヒン

トにして，原価計算システムによるインタラクティブ・コントロールについて考察しよう．

　たとえば，従来とほぼ同様の努力や方略で達成できる水準の原価目標が設定されたとすると，その目標達成行動は過去のそれとあまり相違せず安定的であり，被目標設定者に緊張状態は生じない．しかし，非常に困難な原価目標が設定され，通常の職務の遂行では到底達成不可能であると認知されるとどうであろうか．被目標設定者にもたらされるであろう緊張状態は，生産技術部や資材部など，原価低減に一定の権限，知識，および経験を有する部門のサポートを得るための働きかけを活性化させる可能性がある．それらの部門とのインタラクションを通じて，新たな原価削減のアイデアが創出されるかもしれないのである．

　次に間接費についてであるが，間接費の配賦先は，その配賦額の多寡により，自らが責任を有する部門あるいは製品の原価額が影響を受ける．たとえ配賦額が大きくても，それを含めた後でも十分に原価責任を果たすことができるのであれば，配賦先に緊張状態は生じないであろう．しかし，配賦額の多寡に拘らず，あるいはその配賦額の内容が管理可能であるか不能であるかに拘らず，自らの原価責任を果たすことが困難な状態では，配賦額あるいは間接費の発生総額の低減を目指して，配賦元に何らかの働きかけを行おうとするであろう．そこでのインタラクションを通じて，間接費低減のためのアイデアが創発されるかもしれない．

　たとえば，従来，機械設備のメインテナンスを行うサポート部門の費用のうち変動費のみを，そのメインテナンスを受ける機械を有する製造部門に直課していたが，新たにサポート部門の固定費を関係各製造部門に配賦する方法を採用したとしよう．これにより，当該製造部門が部門予算の達成が厳しくなったとすると，すなわち間接費の配賦によって，緊張状態が生じせしめられたということになる．メインテナンスを受ける側が，提供する側に対して，固定費に関する情報提供を求め，それをめぐって学習行動が生起すれば，たとえば，より安価なメインテナンス機器への変更が可能であるといったアイデアが創出され，結果として間接費の発生額，配賦額が低減されることになるかもしれない．

以上のケースは，間接費の配賦額に意図的に，配賦先では管理不能な要素を混入させ，緊張状態を生起させる方法の有効性を示唆しているといえよう．

　また，製造間接費を製品に実際配賦する場合，いくつか問題が生じることが理論的に指摘されているが，実務では実際配賦の採用企業の割合がかなり高いことが分かっている（日本大学商学部会計研究所，1996；2003）．実際配賦法によって意図的にテンションを生起させるために，あえて問題の多いとされる当該方法の採用を続けている可能性もあるのではないかと考えることもできる．部門別原価計算において，製造部門費を製品に対して実際配賦している場合，補助部門費の製造部門への配賦段階においても実際配賦がなされることが多い．それによれば，補助部門における製造間接費実際発生額を，実際の配賦基準（製造部門による補助部門のサービスの利用量）の数値で除して実際配賦率を算定するため，実際発生額やトータルの実際配賦基準数値の偶然の変動により，実際配賦率が算定期間毎（たとえば月単位ごと）に変化してしまうことになる．このため，たとえある製造部門が前月と同等の補助部門サービスを利用していたとしても，他の製造部門がそのサービス利用量を低下させ，結果としてトータルの実際配賦基準数値が減少してしまい，実際配賦率が上昇してしまえば，当該の製造部門に配賦される補助部門費は増加してしまうことになるのである．

　要するに，実際配賦の問題点の一つは，配賦先に配賦される額の大きさが，配賦先部門の実際のサービス利用量のみではなく，他の部門のサービス利用の状況，すなわち配賦先部門にとって管理不能な要因によって左右されてしまうということである．そこで，このような問題点を克服するために，予定配賦や正常配賦が必要であると理論的には主張されるのである．しかし，他の部門の影響で，配賦先部門にとっては不当に多額あるいは不公平と認知されるような配賦額が配分されることで生じる緊張状態を，あえて生起させている可能性はないであろうか．他部門の操業量が落ち，引いては補助部門サービスの利用量も低下してしまえば，自部門への配賦額が増加してしまうと考えれば，他部門の操業状況について情報を常に探索し，意識するようになるであろう．その結果，操業量の低下原因の探索のためのインタラクションが生起し，人員の配置

図3-4 インタラクティブ・コントロールの概念図

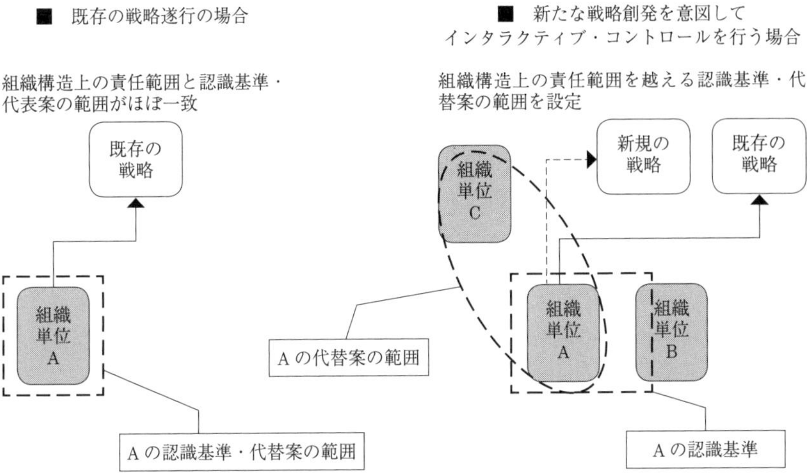

■ 既存の戦略遂行の場合

組織構造上の責任範囲と認識基準・代表案の範囲がほぼ一致

■ 新たな戦略創発を意図してインタラクティブ・コントロールを行う場合

組織構造上の責任範囲を越える認識基準・代替案の範囲を設定

（出所）筆者作成

や技術的問題に関する学習が進むことになるかもしれないのである．

　ここまでをまとめると，インタラクティブ・コントロールとは，図3-4のように，組織構造上の責任範囲を越えた，代替案の範囲に対する会計的な枠組みや制約条件を設定することで，まずは創造的な緊張状態を現出させることを意図していることが分かった．緊張状態は心理的に不快な状態であるため，人はその解消に向けて動機づけられるはずである．緊張からの解放を目指して，人は情報探索に乗り出し，したがって，探索先とのインタラクションが活発化し，学習効果が得られる可能性が高まることになる．これこそ，インタラクティブ・コントロールの最終的な目的である．ただし，不快な状態から脱するために，組織の全体最適にとってネガティブな利己的行動が生起する危険性も高いので，インタラクティブ・コントロールは諸刃の剣であることを認識し，それを踏まえたうえでの実施が大切である．たとえば，組織の団結や和を強調する経営理念の浸透を促すことも，そういったネガティブ行動を抑制するためには有効であろう．

8. まとめ

　本章では，原価計算システムの影響機能の意義および目的を明らかにするとともに，その具体的な方法を伊丹（1986）の枠組みを援用して整理した．すなわち，原価計算システムの影響機能とは，原価目標の設定や原価の測定手続きなどを通じて，組織の上位者にとって望ましい方向に下位者の行動を導く働きのことであり，その目的は大別して下位者の行動の方向づけとその方向へのモチベーションの促進があるとした．本章では，紙幅の関係から，下位者の方向づけすなわち下位者の行動を組織目標と整合する方向へ促すために，原価計算システムがどのように貢献できるのかについて考察した．

　目標整合性の促進のためには，下位者に対して公式の認識基準（たとえば原価目標など）を付与すること，その認識基準と対照される原価情報をタイムリーに提供すること，下位者が想起する代替案の範囲を組織の最適化の観点から会計的な枠組みを設定すること，そして最後に，組織目標を個人的な目標と同化させるためには組織目標の受容を促さなければならないが，そのためには原価目標の設定にあたって管理可能性原則を遵守することが重要であることを指摘した．しかし，新たな戦略やアイデアの創出のためにインタラクティブ・コントロールを作用させたい場合には，管理可能性原則から意図的に逸脱し，組織構造的な責任範囲を越える代替案の範囲や認識基準の設定を行うことも効果的あることを明らかにした．

　しかし，本章では，原価計算システムを通じたモチベーションの促進については言及することができなかった．原価計算システムの影響機能は，目標整合性の確保とモチベーションの促進の二つの目的を達成するための働きであり，そのための方法論は相互に連関している．したがって，本来であれば，その相互連関性を含めた，影響のための方法論に関する総合的な考察が必要とされる．これについては今後の課題としたい．

1) 渡辺（2013a, p.3）によれば，影響システムとしての管理会計研究とは「一定程度に分権的な組織構造を前提としたうえで，組織における上位者が，下位者の遂行行動の方向性とモチベーションに対して望ましい影響を与えることを目途としてデザインされる，管理会計のプロセス，手続き，および情報に関する研究である」と定義されている．
2) 詳細については渡辺（2013a；2013b）を参照されたい．
3) この標準化割制度の効果およびその後の展開については，廣本（1989a）に詳しく述べられている．
4) 同様の指摘は，廣本（1986）や加登（1993）でもなされている．
5) 部品点数という配賦基準が，原価発生原因主義の観点から，完全に不適切であるわけではない．岡本（2000, p.902）が指摘するように，製造間接費の一部については部品点数が発生原因の場合もあるからである．
6) 廣本（1986）では，直接作業時間を配賦基準として用いる日本企業は多いとしながら，そのことは，たとえ自動化が進んだ工場においても一概に非合理的とはいうことができないとしている．なぜなら，直接作業時間基準を，組織成員に対する影響目的を重視して採用する場合があるからであるとしている．
7) 廣本（1989b）や小林（1993）は，Activity-Based Costing について，影響システムとしての利用が重視されている場合，コストドライバーの数は少数に限定され，影響メカニズムが理解しやすいようにデザインされる傾向があることを指摘している．
8) この他にも，事業部制における本社費の配賦の例でも，類似した実務が観察されている．谷（1990）によれば，本社費のうち，基礎研究を行う部門の費用は事業部に対する配賦の対象から除外しているケースがあったという．その理由としては，事業部への配賦を行えば，配賦先（各事業部門）から配賦元（基礎研究部門）へのコスト削減の牽制機能が働いてしまうことが挙げられている．こういった機能や，サービス利用量の意図的な利用の現象を促したくない場合は，そもそも配賦や直課を行わないということも，影響目的を重視した原価計算システムをデザインする際には重要な考慮事項であるといえよう．
9) Locke and Latham（1984）も，効果的な目標設定のための四つの要素として，設定される目標水準が困難な水準であること，その目標水準が受容され，具体的であること，最後にフィードバックがあること，を挙げている．

参 考 文 献

稲盛和夫（2006）『アメーバ経営』日本経済新聞社．
岩井正和（1983）『日立式経営革新・MI 運動の研究』ダイヤモンド社．
岡本清（2000）『原価計算論（六訂版）』国元書房．

梶原武久(2005)「日本型品質管理とインセンティブ報酬」『会計』第167巻第3号, 76-89.
加登豊(1993)『原価企画―戦略的コストマネジメント』日本経済新聞社.
小林哲夫(1993)『現代原価計算論―戦略的コスト・マネジメントへのアプローチ』中央経済社.
古賀健太郎(2010)「管理会計とイノベーション」『会計』第177巻第2号, 47-61.
菅本栄造(2006)「オープンブック・マネジメントに関する一考察」『会計』第170巻第3号, 104-420.
園田智昭(2004)「機能子会社におけるバランスト・スコアカード導入の意義:シェアードサービス子会社のケースにもとづいて」『会計』第166巻第6号, 14-29.
廣本敏郎(1986)「わが国製造企業の管理会計」『ビジネス・レビュー』第33巻第4号, 64-77.
廣本敏郎(1989a)「事例研究:会計と戦略」『一橋論叢』第101巻第5号, 723-732.
廣本敏郎(1989b)「管理会計システムの再検討」『会計』第136巻第5号, 25-36.
谷武幸(1990)「企業戦略と業績管理会計システム」『会計』第137巻第5号, 1-12.
日本大学商学部会計学研究所(1996)「原価計算実践の総合的データベース構築」『会計学研究』第9号, 1-211.
日本大学商学部会計学研究所(2003)「原価計算・管理会計実践の総合的データベース構築」『会計学研究』第16号, 1-158.
福島一矩・妹尾剛好・新井康平「業績報告様式が意思決定に与える影響:ミニプロフィットセンターに関する実験研究」『会計プログレス』第14号, 40-53.
松尾貴巳(2005)「非財務指標による業績評価システムの有効性に関する実証分析:自動車メーカーS社のケース」『会計』第167巻第3号, 90-102.
三矢裕(2003)『アメーバ経営論:ミニ・プロフィットセンターのメカニズムと導入』東洋経済新報社.
三矢裕(2007)「日次決算導入がもたらす組織行動への影響:株式会社ドンクにおけるアクションリサーチ」『原価計算研究』第31巻第1号, 1-13.
渡辺岳夫(2008)「ミニ・プロフィットセンター・システムの情報特性と人間心理」『会計』第174巻第1号.
渡辺岳夫(2012)「アメーバ経営導入時における採算表フォーマットの形成プロセス:電子機器メーカーA社のケース研究」『原価計算研究』第36巻第1号, 119-131.
渡辺岳夫(2013a)「影響システムとしての管理会計研究の新地平:ポジティブ心理学との融合を目指して」『原価計算研究』第37巻第1号, 1-15.
渡辺岳夫(2013b)「ミニ・プロフィットセンター・システムが自己効力感と内発的動機づけに及ぼす影響」『商学論纂』第54巻第6号, 531-562.
渡辺岳夫(2013c)「時間当たり採算性に関する会計処理の探究:電気機器メーカーA

社における労務費と時間の処理方法を中心として」『会計』第183巻第6号, 42-56.

渡辺岳夫 (2013d)「アメーバ経営システムにおける会計処理の構造の探究：電気機器メーカーA社における収益計上方法を中心として」『会計プログレス』第14号, 54-67.

Amons, R. B. (1956), Effects of knowledge of performance: A survey and tentative theoretical formation. *Journal of General Psychology*, 54, 279-299.

Anderson, R. C., Kulhavy, R. W., and Andre, T. (1971), Feedback procedures in programmed instruction. *Journal of Educational Psychology*, 82, 148-156.

Chhokar, J. S. and Wallin, J. A. (1984), A field study of the effect of feedback frequency on performance. *Journal of Applied Psychology*, 69, 524-530.

Cook, D. (1968), The impact on managers of frequency of feedback. *Academy of Management Journal*, 11, 263-277.

Deci, E.L. and Ryan, R.M. (1985), *Intrinsic Motivation and Self-Determination in Human Behavior*, Prenam.

Ilgen, D. R., Fisher, C. D. and Talor, M. S. (1979), Consequences of individual feedback on behavior in organizations. *Journal of Applied Psychology*, 64, 349-371.

Ivancevich, J. M., Donnelly, J. H. and Lyon, H. L. (1970), A study of the impact of management by objectives on perceived need satisfaction. *Personnel Psychology*, 23, 139-151.

Iyengar, S. (2010), *The Art of Choosing*. Hatchette Book Group.

Locke, E. A. and Latham, G. P. (1984), *Goal Setting*, Prentice-Hall, Inc.

Luckett, P. F. and Eggleton, I. R. C. (1991), Feedback and Management Accounting: A Review of Research into Behavioural Consequences. *Accounting, Organizations and Society*, 16, 371-394.

Salmoni, A. W., Schmidt, R. A. and Walter, C. B. (1984), Knowledge of results and motor learning: A review and critical reappraisal. *Psychological Bulletin*, 95, 355-386.

Simon, H., Kozmetsky, G., Guetzkow, H. and Tyndall, G. (1954), *Centralization vs. Decentralization in Organizing the Controllers' Department*, Controllership Foundation.

Simons, R. (1995), *Levers of Control: How Managers Use Innovative Control Systems to Drive Strategic Renewal*. Harvard Business School Press（中村元一・黒田哲彦・蒲島史惠訳 (1998)『ハーバード流21世紀経営―4つのコントロール・レバー』産能大学出版部).

Simons, R. (2005), *Levers of Organization Design: How Managers Use Account-ability Systems for Greater Performance and Commitment*, Harvard Business School Press（谷武幸・松尾貴巳・窪田祐一・近藤隆史訳 (2008)『戦略実現の組織デザイン』中央経済社).

第4章 サービスのコストモデルの試論
―― 配賦計算をめぐる REA の再評価 ――

1. はじめに

　会計情報システム（Accounting Information Systems，以下，AIS）の研究は，一般に AAA（American Accounting Association；以下，AAA）における『基礎的会計理論』（A Statement of Basic Accounting Theory；以下，ASOBAT）の報告書を端緒とする．そこでは，「会計とは，情報の利用者が判断や意思決定を行うにあたって，事情に精通したうえでそれができるように，経済的情報を識別し，測定し，伝達する過程である」（邦訳 p.2）という情報システムとしての会計観が「あるべき姿」として示され，意思決定に役立つための会計とは何か，またそのための会計基準はどうあるべきかについての基本的な枠組みおよび考え方が提示される．このあるべき AIS をデータベース技術環境において設計するための概念モデル（フレームワーク）として示したものが REA 会計モデル（McCarthy, 1982）[1]である．

　REA モデル[2]では，特定の意思決定目的に適合する形式で経済事象（購買や販売など）に関する取引データを捕捉すると，そのデータは他の多くの意思決定では役立たないという前提に立っている．したがって，このモデルは，財務諸表の産出という特定目的に直接的に役立つ会計の視点（借方，貸方，勘定）に限定しつつ取引をモデル化するアプローチをとらない．そうではなく，組織の会計および非会計に関わる多様な意思決定プロセスに取引データが利用できるように，経済事象に関する「基本的な要素（base elements）」に焦点をあてつつ取引をモデル化するアプローチをとる．この基本的な要素が，REA モデル

の頭文字となっている．Economic Resource（経済資源），Economic Event（経済事象），および Economic Agent（経済主体）である．そして，これらの三つの実体とそれらの実体間の関係（二重性関係，ストックフロー関係，コントロール関係，責任会計）から，何が起きたのか（What），いつ起きたのか（When），誰が関与したのか（Who），およびなぜ起きたのか（Why）という取引の「意味（semantics）」を取引データとして捕捉する AIS の設計が可能になり，そのデータを利用者は自らの意思決定目的に従って利用できる[3]．モデル化の対象は，下記のように交換（exchange）取引と変換（transformation）取引となることから，REA モデルは小売業，製造業，サービス業の AIS の設計に利用できる．

この AIS を用いる場合には，これまで期間費用として扱われたコスト（広告費，人件費，配送費などのサービスのコスト）を伝統的な会計システムにおける配賦計算を用いることなく，売上高（の獲得）に必要になる経済資源の消費や利用に伴うコストを直接・個別的に把握できることから，より精密な費用収益の対応が可能になると指摘される（McCarthy, 1982; Geerts & McCarthy, 1994; David, Gerard & McCarthy, 2002）．しかしながら，以下で説明する仮想会社 Bill's Bike（以下，BB）[4]における，配送サービスにおいては，このモデルを利用しても，一部の経済資源の消費や利用についてはなんらかの配賦計算が必要になることが明らかになる．

本章では，第1に，バリューチェーンにおける交換および変換取引の REA モデルの基本的な特徴を明らかにする．そのうえで，配送サービスを獲得と消費の二つの交換取引としてモデル化するケース（McCarthy, 1982）と，変換取引をさらに付け加えてモデル化するケース（Hruby, 2006）を比較検討しつつ，伝統的な会計モデルとの違いを明らかにする．第2に，BB のビジネスをバリューチェーン図として示すことにより，この会社の全社的な活動，および今回議論の対象となる配送サービスの概要を示しつつ，BB の配送サービスにおける，1回の配送サービスで複数の拠点（顧客）に商品を巡回配送するケースにおいて，一部の経済資源の消費については，REA を利用したとしても配賦計算が必要になる問題を説明する．第3に，なぜこの問題が発生するのかについて，

およびREAを用いてこの問題の解決することはできるかについて議論する．最後に，結論と今後の課題として，価値共創時代におけるサービスのコスト測定に対するREAモデルの基本的な限界および可能性についても触れる．

2．配送サービスのREAモデル

(1) バリューチェーンと変換取引のREAモデル

REAモデルは，交換取引と変換取引がモデル化の対象となる．Hurby (2006)では「交換とは，企業が他の経済主体から経済資源を受け取り，その見返りとして，その経済主体に資源を与えるプロセス」(p.5) であり，また「変換は，企業が新しい資源の生産や，既存の資源の変更のために，資源を使用あるいは消費するプロセス」(p.5) と説明される．交換と変換は，経済資源の所有権が移転するか否かという点や外部の経済主体が参加するか否かという点については異なる．しかしながら，それらの取引はいずれも，理論的にはFisher (1906)によって定義される三つの種類の経済活動（変換，輸送，交換）に含まれ，抽象化のレベルは異なるものの，資源のインプットは，アウトプットを産出するために消費されるという「減少(give)—二重性—増加(take)」という共通の特徴を持つ(Geerts & McCarthy, 1994)．したがって，製品の製造だけではなく，製品の修理（経済資源の消費および利用によって修理された製品が産出）や，同様に，配送サービス（経済源消の消費および利用によってロケーション特性が変化した商品が産出）なども，「減少—二重性—増加」という特徴を有するので変換取引としてREAモデル化の対象となる．

図4-1は，顧客に価値[5]を提供するために必要となる製造業の組織内の個別プロセス間の関係をREAベースのバリューチェーン[6]（の一部）として示したものである(Dunn, et. al, 2005, p.347)．図中で示される「獲得・支払プロセス」は，組織が利用する財およびサービスを購買しその対価を支払う活動から構成される．「人的資源プロセス」は従業員の雇用および給与支払等に関する活動から構成される．「変換プロセス」は，原材料，労働力などのインプットを完成品

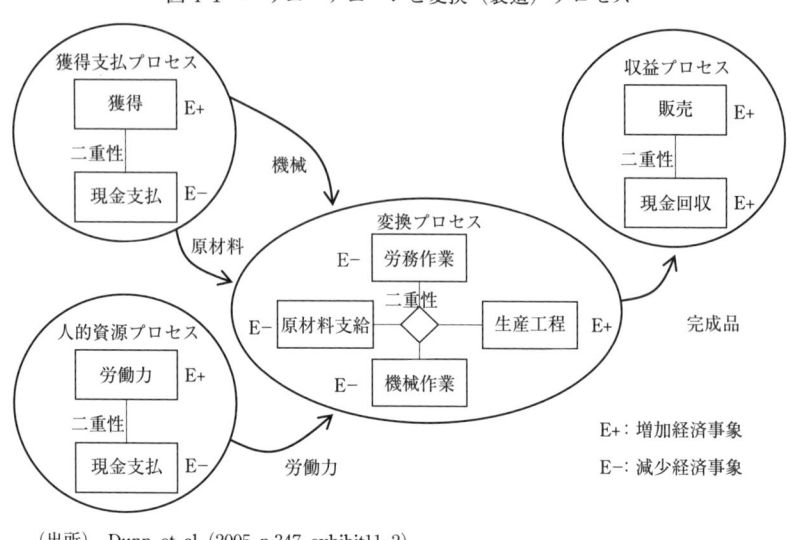

図 4-1 バリューチェーンと変換(製造)プロセス

(出所) Dunn, et. al (2005, p.347, exhibit11-2)

に製造することに関する活動から構成される.「収益プロセス」は,完成品を販売しその対価を回収する活動から構成される.

　図 4-1 の変換プロセスないし変換取引のモデルが,製造プロセスにおける典型的な REA(「経済事象(減少と増加)」に限定してクラス(実体)として図示したもの)である.「原材料支給 (Material Issue)」,「労働作業 (Labor Operation)」,および「機械作業 (Machine Operation)」の経済事象は,「獲得・支払プロセス」や「人的資源プロセス」からインプットされる「原材料」,「労働力」および「機械稼働力」という経済資源を消費ないし利用する減少経済事象である.また,「生産工程 (Production Run)」は,それらの経済資源のインプット(消費と利用)から,新たな経済資源である完成品をアウトプットする増加経済事象である.

　このモデルでは,完成品の 1 単位あたりの平均コストは完成品をアウトプットするためにインプットされる経済資源の利用および消費コストの集計値を,指図書別,バッチ別,あるいは一定の期間別に生産された生産量で割ることによって計算できると説明される (Dunn, et al., 2005, p.346-7)[7]．また,この 1 単

位あたりの平均コストを，収益プロセスで明らかになる1単位あたりの売価と対応させることにより，バリューチェーンにおける「総価値と，価値をつくる活動の総コストとの差」であるマージンを計算できる．

(2) McCarthy (1982) の配送サービスの REA モデル

配送サービスは，大別すると，商品を顧客に届けることに関係する活動（出荷物流）と製品の原材料を外部から調達することに関係する活動（購買物流）に分けられる．McCarthy (1982) の REA において，これらのサービスは，「配送サービス」という経済資源の獲得（交換）と，その資源の消費（交換）との二つの交換取引を対象とするモデルとして描かれる[8]．図4-2は，出荷物流に限定して描いたモデルである．

図4-2においては，第1に「配送サービス」が，経済資源として認識される．第2に，REAモデルにおいては，すべての経済資源は少なくとも一つ以上の減少経済事象と増加経済事象を持つ必要がある[9]．したがって，「配送サービス」資源は，増加経済事象である「配送サービ獲得」，および減少経済事象で

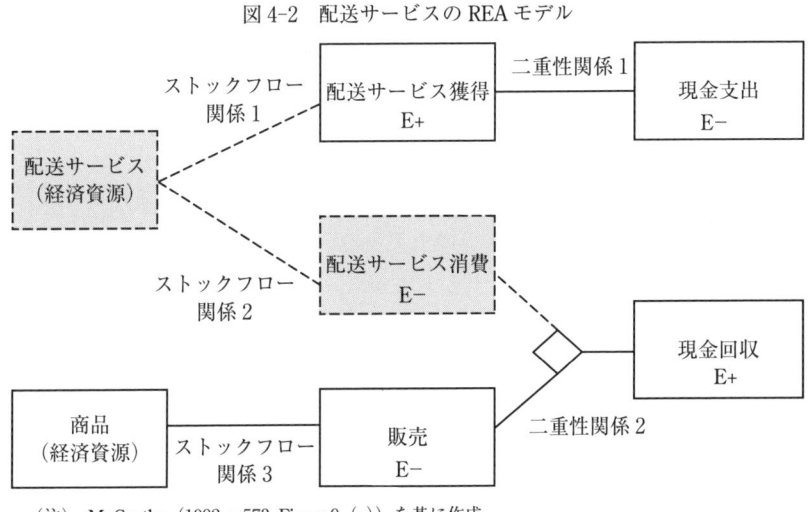

図4-2 配送サービスの REA モデル

(注) McCarthy (1982, p.573, Figure9 (a)) を基に作成

ある「配送サービス消費」を持つ．第3に，REAモデルにおいては，すべての経済事象は，一つ以上の二重性関係に参加する必要がある[10]．したがって，「配送サービス獲得」は，その対価を支払う「現金支出」事象に関連づけられる（二重性関係1）．さらに，「配送サービス消費」は，（販売の結果として）顧客から対価を回収する「現金回収」事象に関連づけられる（二重性関係2）．

ここで仮に，商品Aの販売単価が100円（原価60円）であり，商品Aを地域Bの顧客に配送する配送サービス（料金）の単価が10円均一であり，さらに，会計期間Xにおいて，10個の商品Aが地域Bの顧客に販売されたと想定する．図4-3は，この想定ケースを前提として，伝統的な会計モデルとREAモデル（McCarthy, 1982）の配送サービスのコストの処理および損益計算書（P/L）上の費用収益対応の違いを示すものである．

図4-3の右上部に描かれるP/Lが伝統的な会計モデルに基づくものであり，右下部がREAモデルに基づくものである．前者のモデルにおいては，配送サービスのコストは資産計上するのではなく，発生主義に基づいて全額を期間費用として計上する．したがって，図4-2および図4-3で網かけされた「配送サービス」経済資源とその資源の減少経済事象である「配送サービス消費」クラスは認識されない．配送サービスのコストは，P/L上の「販売費および一般管理費（配送費）」として処理される．それに対して，後者のモデルにおいては，上記で説明してきたように，配送サービスのコストは，経済資源の取得原価を一旦資産として計上される．そして，その資源の利用ないし消費分のコストが，売上を獲得するために必要となる売上原価（の一部）として計上される[11]．

配送サービスのコストは，二つのモデルのいずれにおいてもP/L上の売上高と対応させることができる．しかしながら，その費用収益の対応において，伝統的なモデルが財務諸表上における期間別対応（マクロ的）しかできないのに対して，REAは1単位の売上高を獲得するために消費した配送サービスのコストを個別（ミクロ的）に対応させることができるという点において両者は異なる．

図 4-3　McCarthy の配送サービスのモデルと費用収益対応

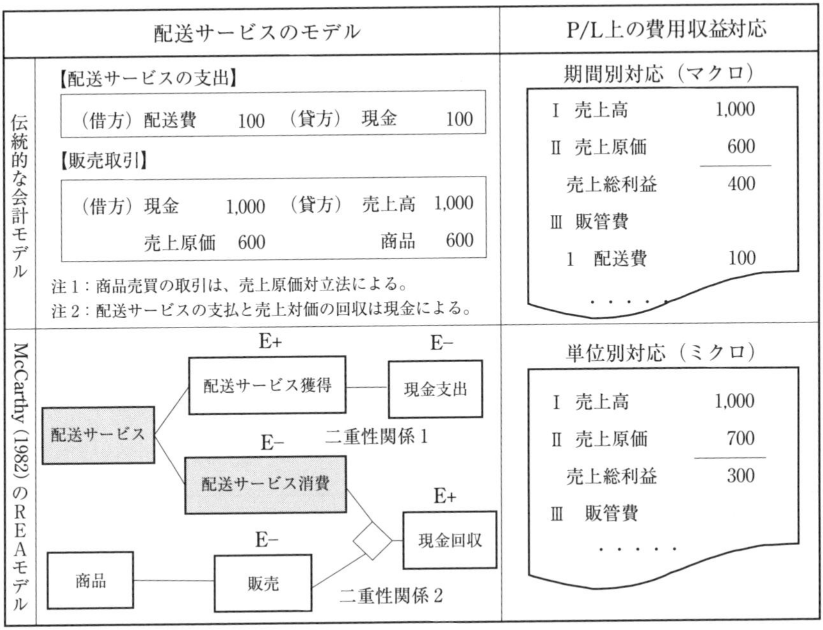

配送サービスのモデル	P/L上の費用収益対応

伝統的な会計モデル

【配送サービスの支出】
（借方）配送費　100　（貸方）現金　100

【販売取引】
（借方）現金　1,000　（貸方）売上高　1,000
　　　　売上原価　600　　　　商品　600

注1：商品売買の取引は，売上原価対立法による．
注2：配送サービスの支払と売上対価の回収は現金による．

期間別対応（マクロ）
Ⅰ　売上高　　　　1,000
Ⅱ　売上原価　　　 600
　　売上総利益　　 400
Ⅲ　販管費
　1　配送費　　　　100
　　　・・・・・

McCarthy (1982) のREAモデル

配送サービス
　E+ → 配送サービス獲得 → E- → 現金支出　二重性関係1
　E- → 配送サービス消費
　　　　　　　　　　　　　　E+ → 現金回収
商品 → E- → 販売　二重性関係2

単位別対応（ミクロ）
Ⅰ　売上高　　　　1,000
Ⅱ　売上原価　　　 700
　　売上総利益　　 300
Ⅲ　販管費
　　　・・・・・

(3) Hruby（2006）の配送サービスの REA モデル

Hruby（2006）において，配送サービス（出荷として説明される）は，「商品の特性の一つであるロケーションを変更する変換プロセス」としてモデル化される[12]．配送サービスによって顧客にとっての商品の価値は高まる．なぜなら，たとえば工場で生産された「商品（ex. クッキー）」を顧客はすぐに利用する（食べる）ことができないけれども，「届けられた商品」を顧客はすぐに利用できるからである．図 4-4 は，Hruby（2006, p.293, figure187）で説明される配送サービスの REA モデルを，図 4-3 と比較しやすいように（用語や表記を一部追加・修正して）描写したものである．

「配送サービス」を経済資源として認識し，増加経済事象である「配送サービス獲得」および減少経済事象である「配送サービス消費」を持つまでのモデルは，McCarthy と同じである．ただし，この「配送サービス消費」は，直

図 4-4　Hruby（2006）の配送サービスのモデルと費用収益対応

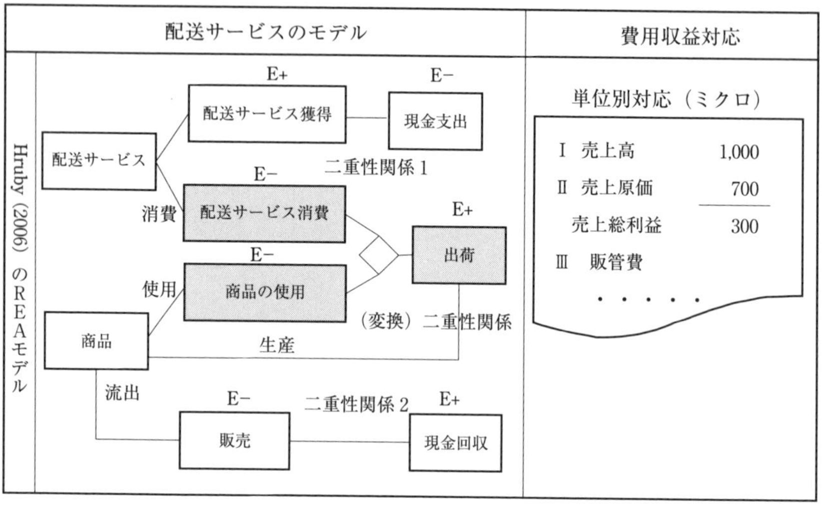

配送サービスのモデル	費用収益対応

Hruby (2006) のREAモデル：
- 配送サービス — E+ 配送サービス獲得 — E− 現金支出（二重性関係1）
- 消費 — E− 配送サービス消費
- 使用 — E− 商品の使用
- E+ 出荷（変換）二重性関係
- 商品 — 生産
- 流出 — E− 販売 — E+ 現金回収（二重性関係2）

単位別対応（ミクロ）

Ⅰ　売上高　　　　1,000
Ⅱ　売上原価　　　　700
　　売上総利益　　　300
Ⅲ　販管費
　　・・・・・

（注）　Hruby（2006, p293, Figure187 を基に作成（図 4-3 に対応させるために一部加筆・修正）

ちに売上高を獲得するための経済資源の消費と関係づけられない．そうではなく，Hrubyでは「配送サービス」と「商品」とを投入することによって「配送サービスが付加された商品」あるいは「（ロケーション特性が変化した）商品」が「生産」（変換）され，この商品がバリューチェーンの収益プロセスにおいて販売される流れがモデル化される．すなわち，McCarthyのモデルが，配送サービスを二つの交換取引としてモデル化するのに対して，Hrubyのモデルでは，交換取引―変換取引―交換取引の三つの取引としてモデル化していることが分かる．

　このことから，Hrubyのモデルでは，McCarthyのモデルよりも厳密な商品の状態管理が可能になる．すなわち，Hrubyのモデルでは，「配送サービス」という経済資源が割り当てられた商品の数量や，その商品のうち実際に出荷された商品の数量を適時に特定できるなど，商品の現業業務（例：商品のトレーサビリティ管理）をより適切に実施することが可能になる．ただし，両モデルはこのような相違点はあるものの，いずれも商品の売上の獲得に要する商品と

配送サービスとのコストの合計を，売上高と個別（ミクロ的）に対応させる費用収益の対応が可能になる点では一致する．なお，以下で説明するBBの配送サービスは，Hrubyで説明されるモデルに基づく．

3．仮想会社Bill's Bikeと配送サービス

(1) Bill's Bikeのビジネスのバリューチェーン

仮想会社BBの教材は，ミシガン州立大学のMcCarthyのACC823という授業で利用される総合課題として用いられる教材である．これは今から約20年前に，McCarthyとアリゾナ州立大学のDavidによって作られた"Ventura Vehicle"という教材をバージョンアップしたものである．現在，このBBの教材はMcCarthyの授業で利用されるとともに，毎年受講生たちによって改良がなされている．学生は4～5人から構成される小集団チームに分かれて，3週間ほどの期間をかけて，その年のBBの説明文と過年度版のモデルを手がかりに，各チームが担当する個別プロセスの①クラス図の作成，②リレーショナルテーブルの作成，および③1週間分の取引データの入力という3つの課題が課せられる．

図4-5は，筆者が留学中に入手した2010年度版のBBの教材をREAベースのバリューチェーン図として図示したものである．この図から明らかなように，対象とする個別プロセスは，資金調達，自転車の製造，自転車の販売（収益）など10のプロセスから構成される．

(2) BBにおける顧客への商品の配送サービス

今回の分析の対象とするプロセスは，図4-5で網掛けされる「配送プロセス（Logistics process）」（変換）となる．このプロセスには，購買物流（原材料とアクセサリー）と出荷物流（完成品）の二つのプロセスが含まれる．出荷物流に限定すると，「製造された自転車（Manufactured Bike）」，配送するために利用する「トラック（Truck）」および「労働力（Labor）」という三つの経済資源がイン

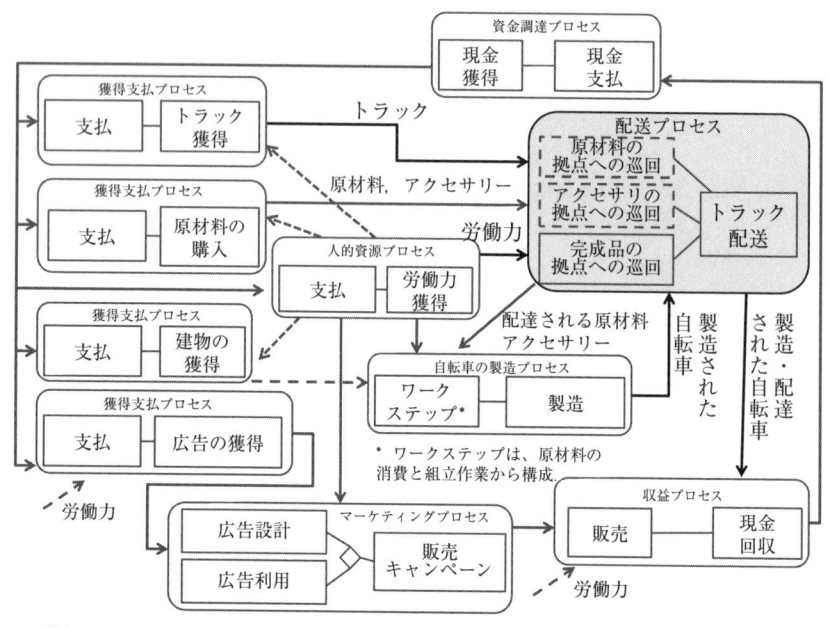

図 4-5　Bill's Bike のバリューチェーン

(注) 上記のクラス図は，2010 年 MSU・ACC823 において学生作成した BB のデータベースを参考に筆者が作成.

プットされることから（ロケーション特性が変化した）「製造・配達された自転車 (Delivered Manufactured Bike)」がアウトプットされるモデルであることが分かる．

図 4-6 は，配送サービスの REA モデル（クラス図の一部）である．「トラック配送 (TruckTrip)」クラスは，1 回のトラック配送についての取引を記録するためのクラスである．「（完成品の）拠点への巡回 (Trip Leg FG)」クラスは，1 回のトラック配送において複数の顧客（拠点）へ自転車を届ける場合における，いくつかの拠点への配送を記録するためのクラスである．なお，この二つのクラス間のマルリプリシティからは，1 回のトラックの配送において，1 か所以上の拠点に（巡回）配送されるケースを想定していることが分かるが，これは表 4-2 の前提（3 番目）に基づくからである．

表 4-1 は，2010 年度版の BB の取引リストであり，表 4-2 は，このクラス

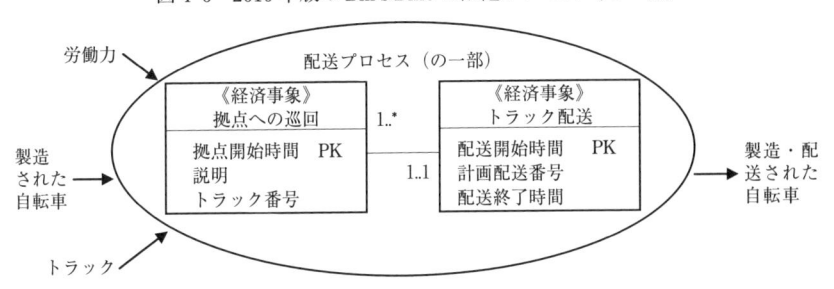

図 4-6 2010 年版の Bill's Bike の配送プロセス（の一部）

配送プロセス（の一部）
- 労働力
- 製造された自転車
- トラック

《経済事象》
拠点への巡回
拠点開始時間　PK
説明
トラック番号

1..*　1..1

《経済事象》
トラック配送
配送開始時間　PK
計画配送番号
配送終了時間

→ 製造・配送された自転車

表 4-1　2010 年版の Bill's Bike の取引リスト（の一部）

取引番号	取引種別	日付	時間	取引説明	原材料・サービス原価
1	給与	2007/4/9	8:01		$1,000,000.00
2	獲得	2007/4/9	8:30	建物のレンタル獲得：メイフィールド不動産	$6000.00
3	獲得	2007/4/9	9:00	1台のトラックの獲得：業者AAA	$7,500.00
……	……	……	……	……	……
……	……	……	……	……	……
47	配送	2007/4/12	8:00	配送開始	
48	配送	2007/4/12	8:15	2台のタンデン自転車, 2台の10スピードの自転車, 2台の一輪車を顧客1へ	
49	配送	2007/4/12	8:30	2台のタンデン自転車, 3台の10スピードの自転車を顧客2へ	
50	配送	2007/4/12	8:45	1台のタンデン自転車, 1台の10スピードの自転車を顧客3へ	
51	配送	2007/4/12	8:55	本部へ	

図を描くために必要となる前提である．取引リストの番号47～51が，顧客への自転車の配送に関する取引となる．この取引リストでは，表4-2（の7番目）の運転手の経験に基づいて，配送は本部⇒顧客1⇒顧客2⇒顧客3⇒本部に戻

表4-2 2010年版のBill's Bikeの配送プロセスの前提

(1)	原材料，アクセサリー，および製造された自転車は，BBのトラックによって運ばれる．
(2)	1回の（トラック）配送は，配送切符の発行によって始められる．
(3)	1回の配送は，BBの本部から複数の顧客や業者への巡回先を持つ．
(4)	1回の配送の商品が，1台のトラックに荷物が積めない場合には，1回以上供給業者や顧客に訪問する場合がある．
(5)	BBは，配送や巡回を個別の購買や販売と結び付けて管理しない．そうではなく，原材料，アクセサリー，自転車とのみ関連づけて管理する．
(6)	運転手は，専用のトラックを割り当てられているのではなく，配送のために利用可能なトラックを利用する．
(7)	配送の巡回の順番は，運転手の経験に基づいて行われる．

るという巡回配送されること，および巡回配送にかかる配送時間が示されていることが分かる．なお，BBの事例の全体の説明文は紙面の関係で掲載を省略する．

(3) BBの配送サービスのコストにおいて配賦計算が不可欠となる場面

　巡回配送における最適ルートの決定は，巡回先が少ない場合にはすべての巡回経路を洗い出し，最短巡回ルートを決定すればよいことになる．今回の配送プロセスの前提に従えば，2010年度版のBBでは運転手の経験に基づいて巡回ルートは決定されることになるが，仮に3拠点[13]の最短巡回ルートを決定しようとする場合には，3の階乗（3×2×1＝6）より6つの巡回経路の候補から最短ルートを決定すればよいことになる．しかしながら，巡回する拠点が10拠点になる場合を想定すると，選択先は10の階乗（3,628,800）となり，ルート候補の数が飛躍的に増加する．したがって，現実的には，所定の複数の拠点を1回だけ巡回する場合の最短ルートの決定は計算量的に困難となってしまう．これは巡回セールスマン問題（Traveling Salesman Problem，以下TSP）と呼ばれる問題である．ただし，近年ではいくつかのソフトウエアを用いれば，専用の

図4-7 GoogleマップでのBBの本部と顧客の所在

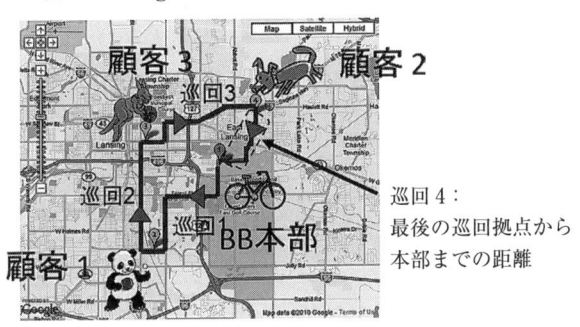

計算アルゴリズムを用いて最短の巡回経路の解（近似値含む）を計算することができる．

図4-7は，Google maps fastest roundtrip solver[14]と呼ばれるTSPソルバーを利用して得られる最短巡回ルートを示したものである．この場合の巡回ルートは，BB本部⇒顧客1⇒顧客3⇒顧客2⇒BB本部となる．このとき，ソルバーが計算した巡回ルートは，配送（巡回）の実際マイルではなく，実際の巡回配送に先立つ予定マイルとなる．その予定マイルは，BB本部から顧客1への距離が4.5mi（巡回1），顧客1から顧客3への距離が3.6mi（巡回2），顧客3から顧客2への距離が5.2mi（巡回3），顧客2からBB本部への距離が2.3mi（巡回4）となる．さらに，BB本部と各顧客との間の2拠点の往復距離は，配送先が一つの拠点のみである場合の標準的な配送距離となる．その標準マイルは，Google mapsの「ルート・乗換案内」の機能を利用すると，BB本部から顧客1が9.0mi（往路4.5mi，復路4.5mi），BB本部から顧客2が5.1mi（往路2.8mi，復路2.3mi），BB本部から顧客3が5.6mi（往路2.8mi，復路2.8mi）となる．なお，図4-7のGoogleマップ上には，BB本部，顧客1，顧客2，および顧客3をアイコンで表現してある．それぞれのアイコンは，自転車，パンダ，カンガルー，犬である．

TSPソルバーを用いて計算されるこの予定マイル（取引番号47）と実績マイル（取引番号48～52）を追加した取引リストが表4-3である．図4-8上側はこ

表4-3 修正された Bill's Bike の取引リスト（一部）

取引番号	取引種別	日付	時間	取引説明	原材料・サービス原価
1	給与	2007/4/9	8:01		$1,000,000.00
2	獲得	2007/4/9	8:30	建物のレンタル獲得：メイフィールド不動産	$6,000.000
3	獲得	2007/4/9	9:00	1台のトラックの獲得：業者 AAA	$7,500.000
……	……	……	……	……	
……	……	……	……	……	
47	配送	2007/4/12	7:30	巡回ルートは，本部から顧客1(4.5mi)，顧客1から顧客3 (3.5mi)，顧客3から顧客2 (4.0mi)，顧客2から BB 本部（2.3mi）となる．	
48	配送	2007/4/12	8:00	配送開始	
49	配送	2007/4/12	8:15	2台のタンデム自転車，2台の10スピード自転車，2台の一輪車を顧客1へ（実際巡回マイルは4.5mi）	
50	配送	2007/4/12	8:30	1台のタンデム自転車と1台の10スピード自転車を顧客3へ（実際巡回マイルは3.6mi）	
51	配送	2007/4/12	8:45	1台のタンデム自転車と3台の10スピード自転車を顧客2へ（実際巡回マイルは5.2mi）	
52	配送	2007/4/12	8:55	本部へ（実際巡回マイルは2.3mi）	

予定マイル
実績マイル

れらの予定マイル，標準マイル，および実績マイルが分かる場合に修正されるクラスを示したものである．また，図4-8下側は今回の取引リストに従って巡回配送（インスタンスレベル）を例示したものである．

　この修正された取引リストに基づいて配賦計算が不可欠となる場面を明らかにしたい．なお，ここでは議論の単純化のため，配送サービスのために要する経済資源の利用および消費コストは「距離」と同じであるとする．REAモデ

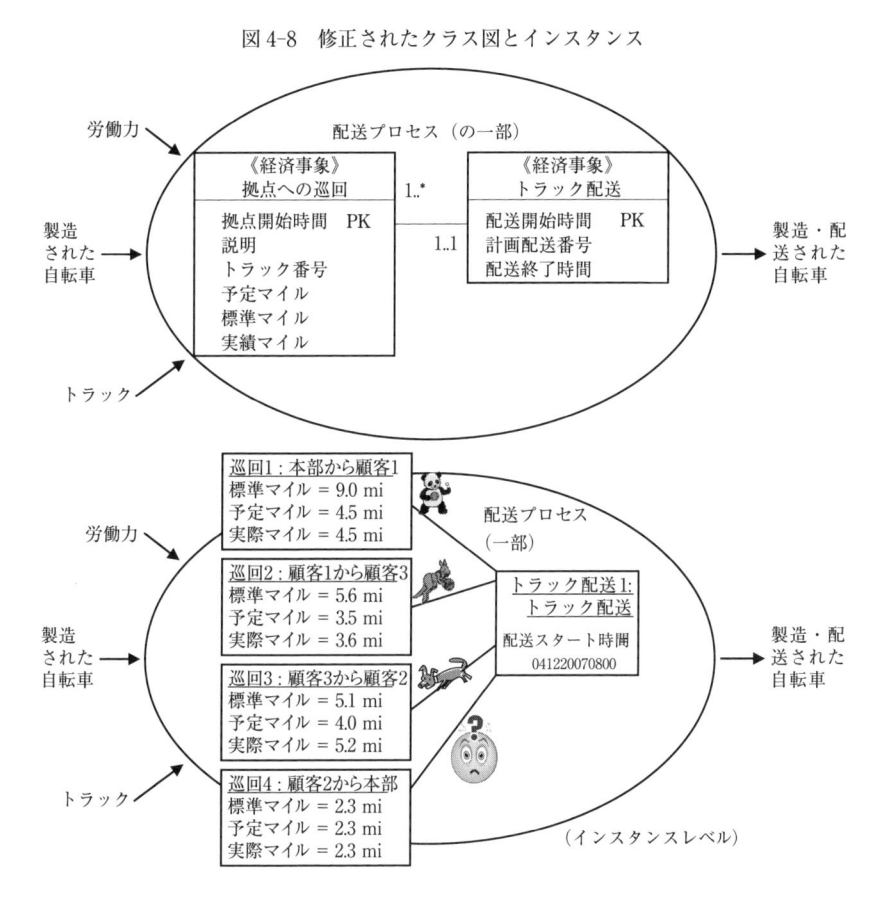

図4-8　修正されたクラス図とインスタンス

ルは，1回の配送において一つの拠点（顧客）へ商品を配送する場合には，それに要する経済資源の利用および消費が明確となり，配賦計算が必要になる場面は出てこない．しかしながら，1回の配送で複数拠点へ配送する今回のような場合には，最後の拠点（顧客2）からBB本部に戻るために必要となる経済資源の利用および消費（2.3mi，図表4-7の巡回4）は，なんらかの基準で自転車が届けられる顧客が負担すべきコストとして配賦されるか[15]，あるいは期間費用（販管費）として計上する必要が生じる．

4. 議　　論

(1) 価値を生み出すための経済事象と経済資源の特定について

Porter (1985) では,「競争優位を調べるためには, 付加価値(販売価格から購買原材料のコストを差し引いた額)よりも価値連鎖を分析する方が適切である. ……付加価値はけっしてコスト分析の基礎とはならないのである. なぜなら, 付加価値は, 原材料と会社の活動に利用されるその他の多くの購入物とを正確に分離しないからである.」(p.51)

この点に関しては, 顧客に提供する価値を生み出すために必要となる経済事象および経済資源を特定化できる場合, REAは価値を生み出すバリューチェーンにおける重要な活動の認識とその活動で要するコストを, 個別(ミクロ的)に測定できる優れたモデルとして評価できる.

前節では「議論の単純化のために配送サービスのために要する経済資源の利用および消費コストは「距離」と同じである」として議論を進めてきたけれども, REAを利用してより精密なコストを測定するため, あるいは期間別(マクロ的)ではなく個別(ミクロ的)な費用収益の対応を図っていくためには, 利用および消費の対象としての経済資源を具体的にいかに特定化できるかが重要な課題となる. そのためには, REAモデルを厳密に適用することが考えられる. たとえば, 売上高を獲得するために要する経済資源の消費や利用(経済事象)として, 顧客からの電話や注文の受付, 信用チェックや在庫の確認等の「労働力の消費事象」や電話, FAX, コンピュータ, ペンのインク, メモ用紙の利用等の「資源消費事象」を具体的に認識することによって, 価値を生み出すためのコスト(原材料以外の費目)をより明確に特定化することもできる[16].

しかしながら, Geerts & McCarthy (1997) では, 現在の技術環境においてはそのような経済資源のすべてを捕捉するシステムを想定することは煩雑でもあり経済的には困難であるとの理解に立つ. また, Dunn, et. al, (2005) においては, 経済資源は,「……測定技術が存在し, かつ費用対効果が期待できる場合に限って捕捉および貯蔵することを忘れないでもらいたい」(p.355) との見

解が示される．つまり，REAモデルが考案されてから約30年が経過した今日の測定技術環境においても，REAモデルの厳密な適用はいまだに困難であり，バリューチェーンで価値を生み出すための経済事象や資源の特定は重要性の原則に従わざるをえないのである．

(2) 配賦計算が不要なケース——宅配業者の利用

REAモデルを利用する場合であっても，最後の巡回拠点からBB本部までの距離（巡回4）についての経済資源の利用および消費分については配賦計算が必要になる問題が発生することを明らかにした．この問題は，BBの配送プロセスが「原材料，アクセサリー，および製造された自転車は，BBのトラックによって運ばれる」という前提に基づく場合に発生する問題といえる．なぜならば，自社便によって複数の顧客に巡回配送する場合には，顧客に個別に跡づけることができない資源消費（巡回4）が発生するからである．この問題については，McCarthyらは上記にて説明してきたように測定技術の問題が解決されれば回避できると考えていると思われるけれども，必ずしもそうとはいえない．

たとえば，今日のビジネス環境においては，比較的小さな荷物を顧客へ配送する輸送便（いわゆる宅配便）の市場が形成されている．そのため，BBが自社便を利用するという前提（表4-1の1番目）を破棄して，宅配便のサービスを利用すれば，自社のトラックで巡回配送する場合には発生した最後の拠点からBB本文までに戻る際に要する経済資源の利用および消費分についてのコストは発生しないので，配賦問題は発生しない．すなわち，REAを利用したとしても配賦が必要になってしまうという今回の問題は，McCarthyやDunnたちが想定するような費用対効果の良い測定技術が新たに開発されなくても，ビジネス環境の整備（宅配便の利用）を通じて（も），経済資源の消費や利用を個別に測定できることから解決（ないしは回避）できるのである．

5. まとめ

　本章では，配送サービス（「即時的サービスの支出」）を資源の獲得および消費の二つの交換プロセスに分解してモデル化する McCarthy（1982）の REA モデルと，商品の特性の一つであるロケーション変更する変換プロセスとしてモデル化する Hruby（2006）のモデルとを比較検討した．そして，これらのモデルを用いる場合には，伝統的な会計モデルにおいては，発生主義に基づき全額期間費用扱いされてきた配送サービスのコストを配賦計算なしに売上高と個別（ミクロ的）に対応させることが可能になることを明らかにした．しかしながら，REA モデルを用いる場合であっても，自社トラック便によって 1 回の配送で複数の顧客に商品を届けるような BB のケースにおいては，何らかの配賦計算が必要になってしまう問題が発生することを明らかにした．そのうえで，現在の測定技術環境においてはバリューチェーンにおけるすべての経済資源の利用および消費の捕捉を要求する厳密な REA モデルの適用は困難になること，および測定技術の向上とは異なる（要素である）ビジネス環境が整備（宅配市場の確立）によっても，BB のケースで見られる配賦問題は解決する可能性があることを議論した．

　最後に，今後の課題として，価値共創時代における REA モデルの基本的な限界ないし可能性について触れる．Prahalad & Ramaswamy（2004）は，顧客要求が多様化しこれまで以上に迅速な対応が求められる今日のビジネス環境においては，提供側の立場による単なる効率化から，顧客と企業とが一体となって価値創造の役割を演じていくことが求められていると指摘する．このような価値共創時代においては，「価値とは，買手が会社の提供するものに進んで払ってくれる金額である」Porter（1985, 邦訳 p.49）とし，そのために要するサービスのコストを測定できる REA は引き続き有用なモデルであり続けるのだろうか．価値の提供者（企業）と利用者（顧客）とを分けてビジネスを位置づけてきた時代に考案されたモデルが，価値共創の時代においても直ちに有用なモデルになると期待するのは，やや性急に過ぎると考えるべきであろう．その理由

を含めての議論は今後の課題としたいが，顧客と企業との価値共創に要する経済資源の消費および利用分のコストをいかに明らかにすることができるのかという視点から，この問題を検討する必要があることだけを指摘しておく．

1) Dunn & McCarthy（1997）では，REA会計モデルは，データベース指向，意味論指向，構造化指向という三つの観点から特徴づけられるとともに，この観点からREA会計モデルと，70年代に指摘された事象アプローチやREA会計モデルが考案されるまでの代表的な会計データモデルとの間の異同点が説明される．
2) REAの研究は，1982年に発表されたREA会計モデル（McCarthy, 1982）が基礎となる．このモデルは，数回にわたって修正・拡張がなされる（Geerts & McCarthy, 1997; Geerts & McCarthy, 2002）．本章では，修正・拡張されるREAモデルにはREA会計モデルも含まれているものとして扱い，以降はREAないしREAモデルとして表記・使用する．
3) REAモデルは取引を自然言語に近いレベルの記号に写像できるので，反対にその記号を介して（仕訳を読めない人であっても）取引の意味内容の（可逆的な）理解を容易にさせる（堀内，2011a）．
4) 筆者は，2009年から2011年にかけて訪問研究者として，ミシガン州立大学のMcCarthy教授のAcc821, Acc823, Acc825の授業に2セメスター参加する経験を持つ．Bill's Bike社は，ACC823の授業（2010年度春学期）におけるREA会計モデルの総合課題の中で取り上げられる自転車の製造・販売を行う仮想会社である．詳細は第3節で説明する．
5) 「価値とは，買手が会社の提供するものに進んで払ってくれる金額である．」Porter（1985, 邦訳p.49）．彼のバリューチェーンは，価値，そのために必要となる活動（主活動と支援活動）とそのコスト，および差額としてのマージンを明らかにする．
6) REAモデル（McCarthy, 1982）は，戦略上重要となる個別プロセスを分析するバリューチェーン・レベルと，個別プロセスの遂行に必要な具体的な活動を分析するタスクレベルが付け加えられることによって，3階層（バリューチェーン，プロセス，タスク）に拡張される（Geerts & McCarthy, 1997）．
7) Dunn, et al., （2005, Ch.11）においては，REAが総合原価計算や個別原価計算のいずれにも利用できることが説明される．
8) 本節における配送サービスのモデル化は，広告サービス（「即時的サービスの支出」（Bedford, 1965, p.77））を資源の獲得および消費の二つの過程に分解してモデル

化する McCarthy（1982, Figure9（a））の説明に基づく．
9) Full-REA モデル（Geerts & McCarthy, 1994）として示される条件の一つ．この条件は，Hruby(2006, p.18) において示させる2～3番目のドメインルールに相当する．
10) Full-REA モデル（Geerts & McCarthy, 1994）として示される条件の一つ．この条件は，Hruby（2006, p.18）において示させる1番目のドメインルールに相当する．
11) このような取引の会計事実をその事実通りに測定すべきであるという論点は，これまでも繰り返し議論される（Bedford, 1965; McCarthy, 1982; 安平，1998; 河合，2000）．本章では配送サービスを議論の対象とするけれども，たとえば河合（2000）では，取引の「直接写像性」という視点に立ち，商品売買処理として棚卸資産の購入時に資産計上するとともに販売時に収益と費用を対応させる取引処理（売上原価対立法）の意義が議論される．
12) Hruby（2006）では，製造プロセスや配送サービス以外にも，マーケティングと広告，従業員に対する教育に関する事象を変換取引として説明している．
13) BB 本部と3拠点（顧客1～3）は，次の住所を想定している．BB 本部は，ミシガン州立大学内の会計と情報システム学部（Department of Accounting and Information Systems），顧客1はホークアイランド公園（Hawk Island Park），顧客2は，トーマス・アクイナス小中学校（St. Thomas Aquinas School），顧客3は，スパロー病院（Sparrow Hospital）である．
14) Google maps fastest roundtrip solver については下記のウェブサイトを利用（http://www.gebweb.net/optimap，2013年10月1日）．
15) 配賦基準として何を用いることがより公平性の観点から望ましいかについては明らかにならない．そのような場合であっても，REA 会計モデルを利用する場合には予定，標準，実際マイルのそれぞれを配賦基準の候補として選択できる．
16) ここで指摘される「労働力の消費事象」や「資源消費事象」は，経済事象を完了させるために必要となるタクス（ワークフロー）として説明される．（Geerts & McCarthy, 1997）．

参考文献

平安昭二（1988）「商品売買処理についての一考察―「売上高・売上原価対立表示法」のすすめ―」『商大論集』（神戸商科大学）第39巻第4号，268-81．

河合久（2000）「コンピュータに基づく商品売買取引処理の再考」『商学論纂』（中央大学）第41巻第3号，245-65．

遠山曉（2004）「e プロセス革新と組織の整合化」『商学論纂』（中央大学）第45巻第3・4号，1-35．

堀内恵・金載旻（2005）「価値共創型ビジネス・プロセスの構築―特に韓国民願にお

ける行政情報化戦略の策定と実行から学ぶ―」『商学論纂』第 46 巻第 5 号, 357-400.

堀内恵 (2011a)「多目的利用を可能にする会計情報システム」日本情報経営学会・日本医療情報学会合同セッション報告, 第 62 回全国大会予稿集 (春号), 349-53.

堀内恵 (2011b)「REA によるサービス活動のモデル化―配賦計算をめぐる REA の再評価―」第 62 回全国大会予稿集 (春号), 179-82.

AAA (1966) A Statement of Basic Accounting Theory, American Accounting Association. (飯野利夫訳 (1969)『基礎的会計理論』国元書房)

Bedford, N.M. (1965), *Income Determination Theory: Accounting Framework,* Addison-Wesly. (大藪俊哉・藤田幸男訳 (1984)『利益決定論』中央経済社)

David, J.S., G. J. Gerard & W.E. McCarthy (2002), "Design Science: Building the Future of AIS," in V. Arnold and S. G. Sutton (eds), *Researching Accounting as an Information Systems Discipline,* Sarasota, FL: American Accounting Association, 35-63.

Dunn, C.L., J.O. Cherrington & A. S. Hollander (2005), *Enterprise Information Systems: A pattern-based approach,* New York: McGraw-Hill/Irwin.

Dunn, C. L. & McCarthy, W. E. (1997), "The REA Accounting Model: Intellectual Heritage and Prospects for Progress," *Journal of Information Systems,* 11(1), 31-51.

Fisher, I. (1906), *The Nature of Capital and Income,* New York: MacMillan.

Geerts, G. & W.E. McCarthy (1994), "The economic and strategic structure of REA accounting systems," 300th Anniversary Program, Martin Luther King University, Halle-Wittenberg, Germany.

Geerts, G. & W.E. McCarthy (1997), "Modeling business enterprises as value-added process hierarchies with resource-event-agent object templates," in J. Sutherland & D. Patel (eds), *Business Object Design and Implementation,* London: Springer-Verlag, 94-113.

Geerts, G.L. & W.E. McCarthy (2001), "Using Object Templates from the REA Accounting Model to Engineer Business Processes and Tasks," *The Review of Business Information Systems,* 5(4), 89-108.

Geerts, G.L. & W.E. McCarthy (2002), "An Ontological Analysis of the Primitives of the Extended-REA Enterprise Information Architecture," *The International Journal of Accounting Information Systems,* 3(1), 1-16.

Hruby, P. (2006), *Model-Driven Design Using Business Patterns,* Berlin: Springer-Verlag. (溝口真理子, 依田光江訳, 依田智夫監修 (2007)『ビジネスパターンによるモデル駆動設計』日経 BP ソフトプレス)

McCarthy, W.E. (1982), "The REA Accounting Model: A Generalized Framework for Accounting Systems in a Shared Data Environment," *The Accounting Review,* 57(3), 554-78.

Porter, M.E. (1985), Competitive advantage, New York: The Free Press. (土岐坤, 中辻萬治・小野寺武夫訳 (1985)『競争優位の戦略―いかに高業績を維持させるか―』ダイヤモンド社)

Prahalad, C.K. & V. Ramaswamy (2004), *The Future of Competition: Co-creating unique Value with Customers,* Boston : Harvard Business School Press. (有賀裕子訳 (2004)『価値共創の未来へ』ランダムハウス講談社)

第5章　原価計算制度としての原価計算システム

1. はじめに

　原価計算の目的において財務諸表作成目的はいずれの企業にとっても共通のものであり必要不可欠なものである．企業会計原則の存在は社会的に不可欠であると考えられる以上，製造業における売上原価の算定，製品や仕掛品などのたな卸資産の評価を適正に行うために原価計算に関する基準の存在が不可欠である．その役割を果たす制度としての原価計算は，その計算結果を複式簿記に提供することによって期間損益計算に組み込まれることになる．同時にそれは，生産活動に関連して発生する原価を勘定に結びつけながら，財務諸表作成，原価管理および予算統制に必要な原価情報を提供する機能を有する．

　異なる目的には異なる原価をという命題にしたがえば，異なる目的ごとに原価計算システムが必要であると解釈することもできる．この命題は，企業環境の変化の中で多様化する原価計算目的に現行原価計算基準は対応できていないという指摘のよりどころとなる．わが国の原価計算基準が1962年（昭和32年）に制定されて以降，企業の置かれている環境はその制定時とは大きく変わっている．企業環境の変化に伴い原価計算は機能的に発展してきており，それに呼応するようにこれまで幾度となく改正の議論が繰り返されてきている．しかし，今日まで一度も改正は実現していない．さらに原価計算基準の制定時は，手作業の原価計算を前提とした時代であって，今日のような情報システム環境下における原価計算の処理は想定されていなかった．今日では，もはや原価計算制度の実践は情報システムの側面を看過することはできない．

　そこで，本章では，原価計算基準の改正に関する議論を整理したうえで，統

合システム環境下で実際に運用されている原価計算システムの特徴を明らかにすることを目的とする．原価計算基準の改正に関する議論では，実際の原価計算実務の分析が不可欠と考えるからである．最初に，原価計算基準について検討しその基本的性格を明らかにする．次に，原価計算制度としての原価計算システムの構築アプローチについて検討を加える．続けて，原価計算システムに対する管理会計の情報要求が原価計算基準における改正の議論の中心となっていることを明らかにする．最後に，近時の原価計算実務の前提となっている今日的な情報システム環境下における原価計算システムについて検討する．とりわけ，ERPにみられる原価計算システムの特徴を整理するとともに，その課題についても検討を加える．

2．原価計算基準の基本的性格

1962年に企業会計審議会によって制定されたわが国の原価計算基準は，企業会計原則の中で特に原価に関して規定したもので，すべての企業によって尊重されるべきものであるとされている．原価計算基準は，企業会計原則の一環として位置づけられていることから財務諸表作成目的に重点が置かれているものの，次のように原価計算制度という考え方によって財務諸表作成目的だけに限定はされていない．

「この基準において原価計算とは，制度としての原価計算をいう．原価計算制度は，財務諸表の作成，原価管理，予算統制等の異なる目的が，重点の相違はあるが相ともに達成されるべき一定の計算秩序である．かかるものとしての原価計算制度は，財務会計機構のらち外において随時断片的に行なわれる原価の統計的，技術的計算ないし調査ではなくて，財務会計機構と有機的に結びつき常時継続的に行なわれる計算体系である．原価計算制度は，この意味で原価会計にほかならない．」（「原価計算基準」第一章二）

原価計算基準の制定においては，実践規範として当時の企業における原価計算の慣行のうちから，一般に公正妥当と認められるところを要約したものであるとされている．また，原価計算基準は，原価計算に対する諸目的を重点の相違はあるもののいずれも満たすような原価計算を制度化するために実践規範としての役割を満たすことが必要条件であったことがその前文に記されている（「原価計算基準の制定について」）．このように原価計算基準では，制度としての原価計算が規定されており，財務会計機構と有機的に結びついた常時継続的に行われる計算体系であるとしている．原価計算制度という考え方に基づいて，特定の目的のみを対象とした原価計算制度を想定しているのではなく，また異なる目的ごとに個別の原価計算制度を想定しているわけでもなく，多元的な目的を同時に達成しようとしたのである（太田・黒澤，1972）．

　基準制定当時は原価計算実務が今日のようにあまり浸透していないような時代であったであろうから，原価計算基準が多くの企業の原価計算の規範となる役割を持っていたことが窺える．このことが，財務諸表作成目的ばかりでなく，経営管理目的である管理会計としての基準という役割も与えられたと考えられる．原価計算制度という考え方に基づいて，原価計算基準が財務諸表作成のための基準としてばかりでなく，管理会計の基準としての役割を持ったことによって実務発展のために大いに寄与したことは間違いないであろう．

　このように原価計算基準では，いくつかの原価計算目的をその役立ちに重点の相違はあるとしても一つの原価計算制度で同時に達成されることが期待されており，原価計算制度は多元的な原価計算目的と一元的な原価計算手続きという多目的一元思考という基本的な性格を有しているのである．原価計算制度では，財務諸表作成のための財務会計からの要請と，原価管理や予算統制のための管理会計からの要請を同時に充足する機能を有することを課せられている．この点に関して木島（1992）は，「原価計算は一方の足を財務会計に，他方の足を管理会計において立つ計算システムとして位置づけられる．前者が財務諸表作成にかかわる原価計算として，後者が経営管理や価格決定にかかわる原価計算として機能することになるのである．その両者に共通する属性は原価情報の

作成・報告のための原価の認識・測定,伝達である」(p.7) と述べており,原価計算制度は多目的一元思考という財務会計と管理会計の両方に密接に関わるシステムとして捉えられる.

3. 原価計算システムの構築方法

これまでに検討してきた通り「原価計算基準」における原価計算は,制度としての原価計算であり,各目的が程度の差はあるが,共に達成されるべき一定の計算秩序である.したがって,原価計算制度は,財務会計機構のらち外において随時断片的に行われる特殊原価調査ではなく,財務会計機構と有機的に結びついて常時継続的に行われる計算体系である.このことにより,随時的な特殊原価調査は,制度としての原価計算の範囲外に置かれることになる.

原価計算システムは,各企業により原価計算目的,システム構築の必要性などの相違に依存してシステムが一様ではない.しかし,原価計算基準でいう原価計算制度としての原価計算システムは次のようにみることができる.原価計算システムとは,生産業務における原価の発生を認識・測定し,財務会計目的と管理会計目的とを同時に満足させるような原価情報を産出する機能と構造を有する,コンピュータに基づく計算機構である.原価計算制度としての原価計算システムは,常時継続的に行われるところの,勘定機構と有機的に結びついて財務諸表作成目的を満たすとともに,随時的な特殊原価調査を除いた経営管理目的をも満たすシステムを対象範囲として捉える.

原価計算制度としての原価計算システムは,具体的にどのような構築がなされるのであろうか.高橋 (2009a) では,原価計算目的との関連から原価計算システムを単一目的型原価計算システム,多目的型原価計算システム,およびデータベース型原価計算システムの三つのタイプに類型化している[1].以下では,その類型にしたがって原価計算システムの構築方法を検討する.

初めに単一目的型原価計算システム（単一システム・単一目的型）は,財務諸表作成,原価管理,予算管理などの目的ごとの原価計算システムから有用な原

価情報を産出するように，目的ごとに原価計算システムを構築する方法である．このタイプの原価計算システムは，原価計算プログラムが個別的にデータを捕捉する点に特徴がある．理想的には目的ごとに最適の原価計算システムを構築することは望ましい．しかし，情報技術の進展に伴いこのシステムを構築するための技術的かつ経済的な制約が解消されつつあるが，多数のシステムの併存は現実的でないとする見解がある（宮本，1982；1997）[2]．

次に，多目的型原価計算システム（単一システム・多目的型）は，わが国の原価計算基準を前提にしたタイプである．特定の目的において算定された原価を，その他の目的に合致するように二次的な加工を施すようなタイプである．ある目的のための原価計算システムをシステムの中心に位置づけ，そこから産出される原価情報に期末などにおいて調整を加えることによって，他の目的にも役立たせるような，合理的な原価計算システムの構築方法である．たとえば，原価管理を主要な原価計算の目的として標準原価計算システムを採用する場合に，期末において原価差異を処理することにより，財務諸表作成にも利用できる原価情報を産出するようなシステムを挙げることができる[3]．

最後に，データベース型原価計算システム（多元システム・多目的型）は，各目的に必要な基礎的なデータを認識し，それをデータベースに貯蔵することで，各目的のために行われる原価計算がその基礎的なデータを共有することによって，各目的にあったシステムを維持しようとする構築方法である．宮本（1982）は，原価計算に新たな関心が向けられている要因の一つとしてコンピュータ・システムの発展を挙げながら今後の原価計算システムについて，「公表財務諸表作成のための制度として実施される原価計算は，その本来の目的を十分に達成するとともに，意思決定のための原価計算にとって必要な過去原価データを，可能な限り合目的的に収集し加工して提供する，一種の原価計算データベースとして性格をもつものとなろう」(p.126)と述べている．したがって，基礎となるそのデータをデータベースに貯蔵することで，データベースを中心にしながら，理想的な目的ごとの原価計算システムを維持しようとする方向に接近するものである[4]．

高橋（2009a）では，上記の三つのタイプの原価計算システムについて過去3回にわたる実態調査の結果を明らかにしている．それによれば，原価計算システムのタイプは，過去3回の調査いずれでも多目的型原価計算システムが製造業では最も多く，次いでデータベース型原価計算システム，単一目的型原価計算システムという順になっている．多目的型原価計算システムが最も多い要因は，原価計算基準の想定している原価計算制度が浸透しているため，コンピュータ処理する場合も手計算システムをそのままコンピュータ化したからであると解釈されている（p.16）[5]．

4．原価計算における管理会計機能の拡張

(1) 原価計算基準改正に関する議論

原価計算は，価格計算の方法としての役割から始まり，期間損益計算機能が付加され，科学的管理法の影響で原価管理機能が付加され，1930年代には予算制度との有機的な結合がなされ，さらに経営意思決定に有効な原価情報の要求に応えるために関連原価計算として発展してきており，歴史的には企業環境の変化により異質的な役割を果たしてきているという（木島，1992）．一方で，20世紀初頭に成立した原価計算の枠組みは，基本的な部分を変えることなく利用されてきており，そのような原価計算の原型ないし中核が期間損益計算のサブシステムとしての役割であるという（木島，1992）．

原価計算は，産業社会の産物であり，とりわけ生産環境のあり方が原価計算を規定し，生産環境の変化は原価計算の変容を迫ることになる（木島，1992）．原価計算基準が実践規範としての役割を満たすためには，企業環境の変化に即応した現行の基準の改正が求められることになる．企業が置かれている生産環境は大きく変わり，そのために基準の改正の必要性が叫ばれてきている[6]．このような現象について木島（2000）は，「伝統的原価計算という原価測定装置型が，情報受信者が要求する確度で企業の発現事象を写像しえない状況を意味する」（p.185）として，伝統的原価計算の現状不適合が生じていると指摘してい

る．企業会計原則は，1949年の制定以降，度々改正が行われているが，その一環として位置づけられている原価計算基準は，1962年の制定以降およそ50年間一度も改正されておらず，原価計算基準が時代の変化に対応できておらず実践規範としての役割を担えていないという指摘は多い．現行の原価計算基準が原価計算実務に相応しくないという批判があるが，そのような議論には大きく二つに区分される．

一つは，法的基準として原価計算基準をみる見方であり，原価計算基準が財務会計基準としての性格を持つことを重視する立場である．高橋（2009b）は，「現行原価計算基準は，その設定当初から財務会計と管理会計という機能的に相違する内容の原価計算を一つの原価計算システム（「多目的型原価計算システム」）として規定したことにより，財務会計的要請が重視されるために管理会計の動的側面が著しく制約され，絶えず自己矛盾を胚胎した基準となっている」(p.39)と指摘する．現行の原価計算基準における財務会計基準としての制約から分離し，管理会計としての有用性をより強く発揮するために，管理会計基準としての原価計算基準を分離して設定するべきであると主張する．

もう一つは，慣行基準としての原価計算基準をみる見方であり，法規制から離れ企業実務で常時反復的に行われる計算制度として原価計算基準を重視する立場である．この立場は，財務会計としての基準だけでなく，管理会計の基準としての要素を持つことを重視して，現行の原価計算基準を基礎に管理会計基準としての要素を強化することを目指す．したがって，財務会計基準としての制約の中で，管理会計機能の有用性を強化させるような原価計算基準の改正を主張する[7]．

以上のように，企業環境の変化によって原価計算が機能的な発展をしているにも拘らず，原価計算基準の制定後に一度も改正されていないことによって不都合な部分を生じさせ多様な議論が行われている．原価計算基準の改正の議論には，原価計算の多様化する必要性と，正しい原価計算を求める一元化の要求との二つの対立する原則があるという（小林，1989）．一つは目的適合性を原価計算が得ることで，要求される情報要求に適合した原価情報を提供するために

適切な原価計算の概念や方法が選択されることであり，原価計算の技術的性格から派生するものであるとしている．もう一つは，提供される原価情報を可能な限り合理的に提供する方法を選択すべきで，異なる原価計算目的がある場合も可能な限り一元的な方法を採用するべきであるとしている．このような原価計算基準における財務諸表作成目的から制約される管理会計目的をどのように充足するのかといったことが改正の主な論点となっている．すなわち，財務会計基準としての原価計算基準の役割を承認しつつ，同時に管理会計基準としての要素について検討を加えようとするものである．結局のところ，原価計算基準の改正議論は，財務諸表作成のための基準としての問題がいわれているのではなく，管理会計の有用性をいかに確保するのかそのための基準改正が主張されているのである[8]．

(2) 原価計算システム構築の4段階モデル

原価計算基準の改正議論をさらに加速させたものとして，財務会計機能を中心に開発された会計手法では，管理会計が経営管理者の意思決定への適合性を喪失してしまっているという問題提起である (Jonson and Kaplan, 1988)．原価計算制度としての原価計算システムでは，財務諸表作成はすべての企業において共通的な事柄であるから勘定によって処理するとともに，勘定の枠組みの中に管理的な視点を付帯させることで経営管理目的をも充足してきた．しかし，そのような伝統的な管理会計手法は，企業環境の変化にも拘らず，管理会計が財務会計の慣例に苦しんでいて陳腐化してしまったという主張である．

ABCを提唱したKaplan (1988) は，一つの原価計算システムでは，財務報告，業務管理，製品の収益性の判断には適切な原価情報を提供できないと問題提起し，異なる目的には異なる原価計算システムを持つべきであると主張した．Kaplan (1988) は，原価計算の機能には次の三つがあるとしている．一つは，財務報告のためのたな卸資産を評価し売上原価を算定すること，二つ目はプロセスの効率についてマネージャーと従業員に経済的フィードバック情報を提供すること，三つ目は活動，製品，サービス，顧客のコストを見積もること

である．これらの機能のうち財務会計機能をベースにした原価計算システムでは，業務管理ないし製品原価計算を行うには適切でないとしている．原価情報は，配賦の程度，計算頻度，客観性の程度，システムの範囲など多くの点で異なっているから一つのシステムでは，財務会計機能，業務管理機能，および製品原価計算機能のための情報を提供することはできないとした．

しかし，この主張に対して多くの企業では異なる目的ごとに個別的に原価計算システムを構築することは非現実的と考えられており，公式的な単一の原価計算システムの改善を望んでいるという反論があった．それを受けて Kaplan (1990) は，財務会計機能に偏重した一元的な原価計算システムから統合型の原価計算システムへ改善することが必要であることを指摘して，原価計算システムの発展段階には4段階あり，将来は4段階の統合型の原価計算システムに向かうべきであると主張した[9]．表5-1は，原価計算システム構築の4段階モデルを示している．第1段階は，毎期報告される財務報告書さえ適切に作成することができず財務会計機能すら満たせない不適切なシステムである．この段階の企業は少ないとして，多くの企業は第2段階のシステムを出発点として利用している．第2段階は，財務報告に関しては十分であるが，製品別や顧客別に関する原価情報が不適切であったり，業務管理に資する原価情報の提供が遅かったり提供されない，といった欠点がある．財務会計機能に偏重したシステムであるので，製品原価計算や業務管理に資する原価情報は財務報告書を作成するために用いられているシステムから入手できるに過ぎない．長い間批判されてきた管理会計機能を満たしていないとする原価計算システムはこの段階のシステムである．第3段階は，第2段階システムの財務会計機能に関する部分はそのまま維持されるが，第2段階で不完全であった製品原価計算や業務管理に資するカスタマイズされたABCシステムをスタンドアローン・アプローチで構築する．総勘定元帳システムや基幹業務システムからデータを取得し，活動，製品，顧客などの単位で原価情報をABCシステムで測定して，タイムリーで適切な業績測定のフィードバック情報を従業員に提供する．第4段階は，各システムがデータベースを介して統合されるように，財務報告のための原価計

表5-1 原価計算システム構築の4段階モデル

システムの特徴	第1段階のシステム不完全	第2段階のシステム財務報告偏重	第3段階のシステム専門化	第4段階のシステム統合化
データの質	・エラーが多い ・差異が大きい	・驚くほどひどくはない ・監査基準に合致	・データベースの共有化 ・スタンドアローン・システム ・非公式のリンケージ	・データベースとシステムを完全にリンク
外部財務報告	・不適切	・財務報告ニーズに合致	・第2段階のシステムを利用	・財務報告システム
製品別／顧客別の原価	・不適切	・不正確 ・隠れた原価と利益	・複数のスタンドアローンABCシステム	・統合されたABMシステム
オペレーショナル・コントロールと戦略的なコントロール	・不適切	・フィードバックが限定的 ・フィードバックが遅すぎる	・複数のスタンドアローン業績測定システム	・オペレーショナル業績測定システムと戦略的業績測定システム

（出所） Kaplan and Cooper（1998, 訳書 p.17）

算システムとコスト・マネジメントの原価計算システムとが統合される．財務諸表作成に必要な情報は，ABMシステムと業務管理システムを介して提供される．

多くの企業では，まだ第2段階の統合化されていないシステムを利用していたり，第3段階のシステムを利用していることになる．たとえば，ABCやバランスト・スコアカードといった新しい管理会計技法は表計算ソフトやパッケージソフトで行われていることが多いし，財務諸表作成を重視するという点では経理部門は第3段階を好むことになる．

しかし，第4段階のシステム統合を果たすことにより，「財務報告，製品・顧客・プロセスの原価計算と，オペレーショナル・フィードバックおよび学習システムが別々に持たれていた時代にはできなかった新しい能力を発揮することができる」（Kaplan and Cooper, 1998, 訳書 p.10）としている．原価計算システム構築の4段階モデルは，管理会計技法と関連しながら統合型の情報システム構築を説明している．Kaplan（1988；1990）と Kaplan and Cooper（1998）では，統合型のシステム環境を前提として管理会計技法を別々のシステムとしては扱っておらず，財務報告システムと業務管理とが有機的に相互に依存する制度

としての原価計算システムを構築すべきことを指摘しているのである．

5．統合システム環境下における原価計算システム

(1) ERPにおける原価計算システムの特徴

　ERPとは，経営資源を統合的に管理し，経営資源を有効配分していこうとする経営管理ないし情報システムの概念をいう．1990年代以降，全社的観点から経営資源の有効配分や情報処理を効率化するためのERPパッケージソフトが大企業を中心に普及した．ERPは，1980年代以降に登場したMRP Ⅱ（Manufacturing Resource Planning；生産資源計画）が発展したシステムであるといわれている．MRP Ⅱは，製造業において原材料に加えて要員，設備，資金などの資源全般に関する計画を担うシステムである．ERPパッケージは，MRP Ⅱを製造業以外の企業にも適用しようとして発展してきた．また，MRP Ⅱは1960年代に在庫発注手法として開発されたMRP（Material Requirement Planning；資材所要量計画）の発展形態だといわれ，MRP Ⅱの核となる部分にはMRPが位置づけられる．MRPは，製品需要や納期を考慮した基準生産計画（MPS；Master Production Schedule）と密接に関連しながら，生産に必要となる原材料を最少の在庫で確保することを目的とした生産計画システムの一部である．MRPでは，製品に必要な原材料に関する階層化された部品表（BOM；Bill Of Materials）を展開し，その正味所要量を計算する．

　ERPの原価計算モジュールは，生産管理との関連から生産管理モジュールで機能する．ERPはMRPから発展してきたものであるから，生産管理モジュールに付帯されている原価計算はMRPを前提とした一定の生産計画から展開されるBOMに基づき，製品の原価要素（材料費，労務費，製造間接費）を加工に沿って積み上げて製品別原価を把握する部品表積上げ型原価計算[10]を主体としている（松原，1997，p.215）．図5-1は，部品表積上げ型原価計算の概要を示しているが，部品表の下位レベルから加工に沿って原価を積み上げていくのが特徴である．最初に，前レベル原価の計算では構成部品aとbの材料費を算定し，

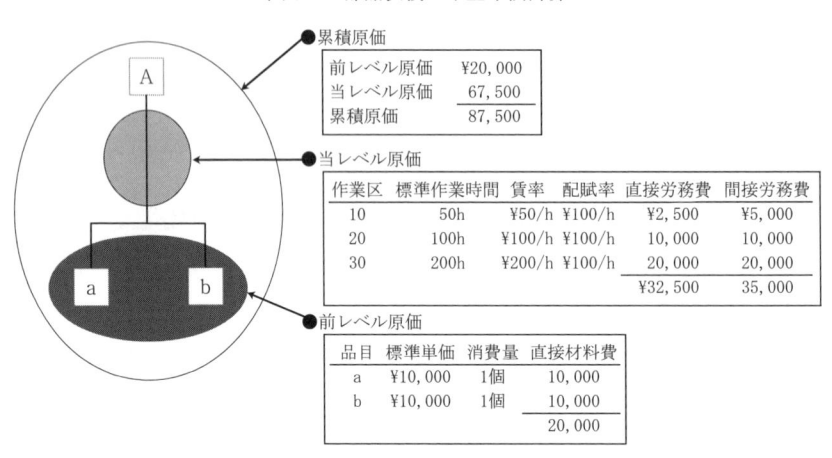

図 5-1　部品表積上げ型原価計算

●累積原価						
前レベル原価	¥20,000					
当レベル原価	67,500					
累積原価	87,500					

●当レベル原価

作業区	標準作業時間	賃率	配賦率	直接労務費	間接労務費
10	50h	¥50/h	¥100/h	¥2,500	¥5,000
20	100h	¥100/h	¥100/h	10,000	10,000
30	200h	¥200/h	¥100/h	20,000	20,000
				¥32,500	35,000

●前レベル原価

品目	標準単価	消費量	直接材料費
a	¥10,000	1個	10,000
b	¥10,000	1個	10,000
			20,000

（出所）　松原（1997, p.216）

　次に当レベル原価の計算では作業区分ごとに直接労務費，製造間接費（ここでは間接労務費のみ）を算定し，最後に，製品 A の累積原価を算定する．

　ERP に採用される部品表積上げ型原価計算は，生産計画機能と在庫管理・購買機能が一体となって迅速に原価情報を提供できる点が特徴である．ERP の機能横断的なシステムの特徴からそこでの原価計算は，製品の設計，生産計画，生産の業務をはじめとして他の基幹業務でも原価情報が活用される可能性を持っている．たとえば，製品受注時において製品仕様や材料費の変更を即時に反映させた最新の原価によって製品の損益計算が可能となったり，製品開発時においては見積原価を即時に利用できたりと実態に即した原価情報の提供が可能となる（門田，1985b, p.94）．このように，現在の生産状況を反映した原価情報を経営管理者に対してタイムリーに提供し，生産環境の変化に対応した適切な意思決定を行うことを可能にする．

　ERP による原価計算の利点は，原材料の購入から生産，販売まで取引と会計処理が同期化されている点にある（清水，2012）[11]．しかし，尾畑（2011b）は，生産現場で利用される原価情報と，経理部門が扱うマネジメントに近い原価情

報がうまくつながっていないと指摘する[12]．実務では，「原価計算は，経理部で行われる要約度の高いマクロ的な原価計算と，製造現場，設計部門で行われる物量的次元を詳細に把握した見積原価計算が併存している」(p.21)と指摘する．これは，部品表積上げ型原価計算が設計時の原価積算の考え方に基づいた設計技術的発想の原価計算であり，わが国の原価計算基準に明示されていない方法であるという指摘と関連する（松原，1997）．すなわち，加工に沿って原価が積み上げられていくようにビジネス・プロセスを反映した部品表積上げ型原価計算は，生産現場等に対して有効な原価情報を提供できる．しかし，MRPを前提として計算された未来原価が標準原価として認められるかどうか，といったような原価計算基準に準拠しているかどうかという課題がある中では，財務報告用には別の原価計算を用いなければならないことになる．

　木島（1993）は，広義に制度とは「その枠組みあるいは装置型が，使用主体によって継続反復的に利用され，慣行化することによって様式化された秩序として，それが展開する組織内の合意を得，逆にその組織構成員の意思決定や行動がその秩序によって拘束または支配される場合，その枠組みを「制度」としてとらえる」(p.70)と定義している．この広義の制度においては，直接原価計算，ABCおよび部品表積上げ型原価計算が公によって制度として承認されていなくても，上記の通り利用主体たる企業において利用される場合は制度としての原価計算と認識されうる．そのような広義の意味での原価計算制度を精査し，原価計算基準でいう狭義の原価計算制度として取り込めるのか検討する必要がある．ERPのようなシステムは今後ますます進展すると予測されている中で，たとえば先に検討したような部品表積上げ型原価計算から産出される原価情報が目的適合性を有しているならば，原価計算基準として認められるかどうかを検討することが重要である．原価計算基準の制定当時では出現していなかった，ABCや部品表積上げ型原価計算は，狭義での制度としての原価計算として承認されうるか必要に応じて検討が必要と考える．

(2) 統合システム環境と管理会計機能との関係

　Kaplan（1990）と Kaplan and Cooper（1998）が指摘するように統合システム環境は，革新的な管理会計技法を導入できる基盤を確かに提供しうる．河合（2000）は，「経営管理目的からした原価計算環境への対応の積極性に応じて，会計情報システム形態は高度化する」（p.417）ことを明らかにしている．業務データを直接的に会計情報に変換するような ERP 環境にある企業では，コスト・ビヘイビアの把握に積極的であったり，原価計算を現実の生産環境に適応させるというように，原価データの捕捉段階に生産活動を敏感に反映しようとする姿勢があると指摘する（河合，2000，p.417）．河合（2000）は，企業規模，環境変化への管理手法の適応性および原価計算の目的適合性の総合的度合いによって，情報システムのタイプは影響を受けるとしている．また，原価計算システムの進展は，企業規模の拡大や事業の多角化が誘因となり，その進展に際しては経営管理意識の向上が大きな誘因であることが指摘されている（田畑，1997，p.146）．

　原価計算システムは，業種，生産形態の違いによって異なる．たとえば，製品種類が限定されていて製造プロセスも単純な企業では，単純な原価計算システムで十分であるかもしれない．したがって，原価計算システムに対する管理会計機能の充実といったニーズは一様ではないと考えられる．また，革新的な管理会計技法の有用性にも拘らず，すべての企業においてそれが採用されたわけではない．清水他（2011）の実態調査によれば，回答企業の約 6 割が「原価計算を行うに当たり，『基準』でとくに問題はない」と回答し，4 割の企業が「『基準』の記述は不十分であり，生産実態に合った改正を行うべきである」と回答している．このことはすべての企業が原価計算基準の改正を望んでいるわけではなく，原価計算基準の改正議論に対する各企業の姿勢は一様ではないことを示している．すなわち，原価計算に対する管理会計機能について各企業の姿勢が異なることを表していると考えられる．しかしながら，管理会計機能に対する各企業の対応が異なっているとしても，現に原価計算基準の改正に対する要求は決して少なくないわけであるからこれを見過ごすことはできないので

ある．ただし，木島（1993）が指摘するように，原価計算に対する情報要求が非同質的で個別的かつ戦略的であって，原価情報も多目的一元思考の測定構造ではその環境適合はますます果たしにくいものとなっているとしながらも，狭義の制度としての原価計算システムは「原理的には，多目的に対して弾力的に機能しながら，技術的にはこれらを一元的に統合化するシステムの構築が要請される」(p.55) という考えが基本となるであろう．

6．まとめ

　木島（1993）は，原価計算システムは，原価という現象を通じて企業活動を写像する一つの装置型であり，それに対する環境の役割期待が変化するとともにそれ自体が変容することが求められることを次のように説く．「装置型は目的に対する手段である．したがって，装置型は用具性が強く，その装置型が目的適合性を満たすことはそれ自体の存在理由の核心である．この際，目的動機は，環境条件，特に企業条件を基礎として形成される．したがって，既存の装置型が創出当初いかに優れていたとしても，その基礎たる企業環境あるいは生産環境の変化によってその目的動機に応えられなくなった時，その装置型の用具性に対する承認は解消し，自らの存在意義は喪失するか，自己変容を余儀なくしなければならない．それが原価計算に限らずすべての用具の宿命でもある．」(p.49)．原価計算システムが，情報利用者を満足させる原価情報を産出できないという現状を放置することはできないので，企業環境の変化を背景として出現している新たな原価計算実務を取り込むことが不可欠であろう．そのためにも，原価計算実務がどのように行われているのかを精査し新たな基準づくりの議論の土台とすべきであろう．

　ところで，原価計算の起点は，資源の投入という経済事象を対象にする．それは購買業務活動から製造業務活動を経て最終的に販売業務活動への資源の移転であると捉え勘定に記入することになる．会計においてすべての取引が勘定という形式で写像されるように，原価計算制度においてもすべての資源の移転

が勘定という形式で写像されうる．このことは，「製品別原価計算の二つの形態（個別原価計算および総合原価計算）であれ，収集する「原価基準」(cost basis) の相違による実際原価計算と予定原価計算（見積原価計算・標準原価計算）であれ，収集される原価の範囲の相違による全部原価計算と直接原価計算であれ，すべて共通する」(中瀬，2001, p.188) のである．したがって，「原価計算は，それが対象とする経営活動ないしそのモデルの増大・多様化を反映して，その領域を拡大しているが，そこに貫徹する《論理》(構造) は不変である」(中瀬，2001, p.192) という指摘は，たとえば，直接原価計算，ABC，部品表積上げ型原価計算なども原価計算制度として取り込むことも可能であることを示しているのである．

かつて原価計算基準が実務の規範として果たしてきた役割が，企業環境の変化や現代のような情報システム環境下においては十分に機能していないと考えられる．そうであるならば，原価計算基準の改正にあたっては，実態に則した実務規範とならなければならない．そのためにも，実際の生産プロセスのデータ構造への写像が課題となる．そのような課題が原価計算基準の基本的な枠組みを明確にする可能性を持っているように思われる．

1) 宮本 (1982) もまた原価計算システムの三つのタイプを挙げている．第1のタイプは，全社的な財務会計機構の中に有機的に組み込まれる財務諸表作成目的の原価計算システムで，制度上不可欠なものだけでなくすべての原価計算の基幹となるように他の目的にも配慮する必要があるとしている．第2のタイプは，第1のタイプの原価計算システムとリンクすることで，実績に関する必要なデータをそこから入手し，さらに各目的別に関連するデータを収集し，加工することで主として短期的な経営管理目的にも役立つシステムである．最後に，第3のタイプは，上述の二つのタイプのシステムと直接的に結びつかない，長期的かつ戦略的な問題を対象とした，独立した原価計算システムであるとしている．
2) 小林 (1983) もあらゆる目的のために原価計算システムが，目的ごとに適合的な情報を提供するとなると，いくつかの原価計算を並行に行う必要が生じ，経済的にシステムを運用しがたくなるとして，以下の二つの構築アプローチを明らかにして

いる．一つは，一つの計算手続によって得られた計算結果に調整を加え，各目的にも役立たせる方法（多目的型原価計算システムに相当）．もう一つは，各原価計算に必要な基礎的なデータを集めて，各原価計算の目的ごとに必要なデータをそこから引き出す方法（データベース型原価計算システムに相当）．

3) 他の例としては，直接原価計算を経営管理目的で採用して財務諸表作成目的のために期末に全部原価ベースに修正するための製造固定費勘定を設けて処理するものや（宮本，1982），7桁のコード番号を用いた勘定科目分類表を利用して，原価の発生源泉の事象において責任センター別のコードを付帯させセグメント別の業績評価にも役立てるものがある（岡本，1982）．

4) このタイプのシステム構築方法の例として，構造行列に基づく原価計算システムがある（小林，1979）．各原価計算目的のいずれにも共通の出発点となるような基礎計算を原価計算システムの中心に位置づけ，その展開として構造行列に基づく原価計算モデルを取り上げている．ちなみに基礎計算とは，原価計算の主要な諸目的のいずれに対しても基礎となりうるような第一次的な原価データの多元的な分類集計を意味する．

5) 高橋（2009a）は，サービス業においても同様の調査をしており，サービス業ではデータベース型原価計算システムが最も多く，次に単一目的型原価計算システム，多目的型原価計算システムという順になったという．このような結果は，金融，運輸，通信の企業では現業業務へのコンピュータ適用が早かったため，当初からコンピュータ処理を前提とした原価計算システム構築が行われたことによると解釈されている．

6) 木島（2000）は，原価計算に影響を及ぼす企業環境の変化について，① グローバル化の進展と競争激化による戦略的なコスト・マネジメントの要請，② 顧客の価値観の多様化に伴う多品種少量生産への対応，③ 生産の自動化に伴うコスト構造の変化，④ サービス業の活性化に伴う原価計算の重要性を挙げている．

7) 宮本（1990）は，具体的に次のような基準改正点を提唱している．① 直接原価計算の継続的採用，② 広範囲にわたるセグメント別計算を可能ならしめること，③ 計算方法に大幅な自由裁量の余地を残すこと．また，宮本（1997）では，原価計算基準は実践規範としての役割は必要なく，財務諸表作成のための信頼性を担保するために必要なものとして「原価計算の基本的な枠組みを明確化する最小限度の規定があればよい」と主張している（宮本，1997, p.10）．

8) 小林（1989）は，原価計算基準の改正において次のような問題が考えられるとしている．一つは，財務諸表作成目的に対する現行基準の不備を改正する問題，もう一つは，管理会計基準として不備を改正する問題，またそれら両者をどのように単一化したシステムで達成するかという問題，に分けることができるとしている．

9) 田畑（1997）もまた原価計算システムに関する段階的分類を行っている．

10) 部品表積上げ型原価計算についての詳細な計算方法は門田（1985）を，また実例では高橋（2011）を参照されたい．なお，部品表積上げ型原価計算は，品目別積上原価計算と呼ばれたり（野村・竹俣，1996；田畑，1997），単位原価計算と呼ばれることがある（川野・横田，2003；横田・平賀，2007）．

11) 清水他（2011）の実態調査によれば，ERPを利用している企業は回答企業の半数程度であるという．また，ERPを使用していると回答した企業の原価計算方法のうち，①ERPの原価計算モジュールで行っている企業が約17％，②ERPの原価計算モジュールで行っているが原価差異だけは期末に手作業で調整している企業が約33％，③ERPの標準モジュール以外の原価計算機能をアドオンしている企業が約13％，および④ERP外で行っている企業が約35％という結果が示されている．

12) 生産現場での生産計画をはじめとする生産を実際に行うためのデータは，原価計算にも活用されうるデータであるが，実際にはこれとは無関係に経理で収集されたデータに基づいて原価計算が行われることになり生産現場と経理部門との間で情報ギャップが生じてしまうという．このような問題を解決するためにスナップショット・コスティングが提唱されている．尾畑（2008）を参照されたい．

参 考 文 献

太田哲三・黒澤清他（1972）『解説原価計算基準』中央経済社．

岡本清編（1981）『原価計算基準の研究』国元書房．

岡本清（1982）「原価計算基準への提言」『会計』第122巻5号，793-835．

尾畑裕（2008）「原価収益計算の提供する計算プロセス情報・非財務情報―XMLベースの原価・収益計算の可能性」『会計』第173巻第6号，37-48．

尾畑裕（2011a）「原価計算：過去から未来へ」『経理研究』第54号，180-190．

尾畑裕（2011b）「標準仕様化が原価計算・原価管理に対して有する意義」『企業会計』Vol.63, No.6, 18-24．

河合久「会計情報システム形態と原価計算環境との関係―実態調査分析をつうじて―」『商学論纂』第41巻第5号，405-421．

河合久（1999）「原価計算システム教育からみたERPの課題」統合型パッケージ・ソフト研究プロジェクト研究チーム編著『統合型パッケージ・ソフトの研究―ERPの実際と大学教育―』高千穂商科大学総合研究所，141-163．

川野克典・横田康之（2003）「グローバル原価計算システムの構築と活用法」『企業会計』Vol.55, No.6, 103-108．

木島淑孝（1991）「J.Mauriceクラークの現代的意義―原価計算的視点から―」『会計』第140巻第3号，46-58．

木島淑孝（1992）『原価計算制度論』中央経済社.
木島淑孝（1993）「企業環境の変化と直接原価計算」『情報社会の管理会計』中央経済社，49-71.
木島淑孝（2000）「原価計算システムの課題」中央大学企業研究所編『商学論纂』中央大学出版部，第 41 巻第 3 号，185-202.
小林健吾（1989）「原価計算基準」『企業会計』Vol.41, No.1, 34-39.
小林哲夫（1983）『原価計算―理論と計算例』中央経済社.
小林哲夫（1979）「構造行列に基づく原価計算システム―西ドイツ H 社についてのケース・スタディ」『産業経理』Vol.139, No.3, 61-68.
清水孝・小林啓孝・伊藤嘉博・山本浩二（2011）「わが国原価計算実務に関する調査（第 1 回）」『企業会計』Vol.63, No.8, 72-81.
清水孝（2012）「企業の原価計算実務に見る現代原価計算の特性」『原価計算研究』Vol.36, No.1, 10-18.
高橋史安（2009a）「「原価計算基準」研究―「原価計算基準」改正の方向について（1）―」『商学集志』第 79 巻 1 号，1-21.
高橋史安（2009b）「「原価計算基準」研究―「原価計算基準」改正の方向について（2）―」『商学集志』第 79 巻第 2 号，29-44.
高橋史安（2011）「実際原価による原価管理：TDK の新原価管理制度」『経理研究』第 54 号，191-204.
野村智夫・竹俣耕一編著（1996）『コンピュータで成功する原価計算システムの進め方』日本実業出版社.
田畑正英（1997）『原価会計システムの実務』中央経済社.
中瀬忠和（2001）「原価計算の《構造》を考える―田中理論の解釈的適用を中心として―」『商学論纂』第 42 巻第 4 号，169-194.
門田安弘（1985a）「MRP・かんばん方式と原価計算の統合システム」『企業会計』第 37 巻第 2 号，59-67.
門田安弘（1985b）「MRP・かんばん方式と原価計算の統合システム」『企業会計』第 37 巻第 3 号，91-97.
溝口一雄（1983）「「原価計算基準」の改正をめぐって」『国民経済雑誌』第 147 巻第 4 号，1-13.
宮本匡章（1982）「原価計算システムの改善」『大阪大学経済学』Vol.32, No.2・3, 123-132.
宮本匡章（1990）『原価計算システム―現状と課題―』中央経済社.
宮本匡章（1997）「「原価計算基準」の現代的性格について」『企業会計』Vol.49, No.2, 4-10.
宮本匡章（1999）「原価計算基準の将来展望」『企業会計』Vol.51, No.1, 202-208.

横田康之・平賀龍（2007）「原価計算ソフトの徹底比較とシステム見直しの留意点」『経理情報』No.1140, 57-62.

Bodnar, G.H. & W.S.Hopwood (2012), Accounting Information Systems, Eleventh Edition, Pearson Education.

Romney, M. B. & P.J.Steinbart (2012), Accounting Information Systems, Twelfth Edition, Pearson Education.

Jonson, H.T. & R.S.Kaplan (1988), Relevance Lost : The Rise and Fall of Management Accounting, Harvard Business School Press.（鳥居宏史訳（1992）『レレバンス・ロスト―管理会計の盛衰―』白桃書房）

Kaplan, R. S. (1988), "One Cost System Isn't Enough," Harvard Business Review, 66 (1), 61-66.

Kaplan, R. S. (1990), "The Four-Stage Model of Cost Systems Design," Management Accounting, 71(8), 22-26.

Kaplan,R.S. & R.Cooper (1988), Cost and Effect : Using Integrated Cost Systems to Drive Profitability and Performance, Harvard Business School Press.（櫻井通晴監訳（1998）『コスト戦略と業績管理の統合システム』ダイヤモンド社）

第6章　原価計算制度の管理会計機能

1. はじめに

日本の「原価計算基準」（以下，基準）は1962年の制定以来，マイナーな変更も含めて全く改正がなされていない．これまで基準の改正に関しては何度も提言がなされているが，実際の改正プロセスに入ったことすら一度もない．しかしながら，日本の会計基準の国際財務報告基準（International Financial Reporting Standards: 以下 IFRS）へのコンバージェンスは基準の改正を不可避的に迫ることになろう．IFRS では後入先出法が禁止され，また，日本でも2010年4月以降，後入先出法が禁止された．したがって，基準改正では少なくとも後入先出法の削除は必要であろうが，それだけのために改正を行うことは現実的ではなく，経営環境の変化によって陳腐化したとされる部分についての改正も併せて議論がなされていくことになろう．

日本会計研究学会第70回全国大会統一論題第2会場で行われたアンケートでは，9割弱の参加者が何らかの改正が必要であるとの回答をしており，基準改正の必要性については，学界においては一定のコンセンサスを得ているといえる．しかし，基準をどのように改正するかという点については，意見の一致はなく，この点についてのコンセンサスは得られていない．改正するとしても，この点について，ある程度のコンセンサスが得られなければ，改正することは困難であろう．

現行基準は原価計算の目的として，財務諸表作成目的だけでなく，四つの管理会計目的を挙げている．そして，財務諸表作成目的の優先順位を高くしながらも，管理会計目的に役立つ制度を盛り込んでいる．

基準に管理会計目的を盛り込んだことについて，これまでさまざまな功罪が論じられてきた．管理会計目的を盛り込んだことについては，制定時から批判があった（鍋島，1964；小林，1963；鍋島，1969）．基準改正の提言にはさまざまなものがあるが，その多くは管理会計目的を含めるか否か，含めるのであれば，どの程度を含めるべきであるかという点に収斂されているといえる．

　そこで，本章では，原価計算制度の管理会計機能について考察を行う．原価計算制度としては実際原価計算制度と標準原価計算制度があるが，いずれも財務会目的と管理会計目的は分かちがたく結びついており，原価計算制度から管理会計機能を切り離すことの現実的には困難であり，また切り離すことは弊害が大きいことを論じる．また，一方で原価計算制度の財務会計的側面を無視して，管理会計機能を大幅に強化することも，財務会計の要請から実現は困難であることを論じる．

2．「原価計算基準」改正の方向性

(1) 基準改正と管理会計目的

　基準の改正にあたって，まず論点となるのが，基準に管理会計目的を含めるべきか否か，含めるのであれば，どの程度含めるべきかという点であろう．現行基準は「一　原価計算の目的」で述べられているように，管理会計目的を含んだ包括的な基準となっている．管理会計目的を含んだ規定としては部門別原価計算や標準原価計算がその典型であるといえる．しかし，基準では管理会計的な記述はほとんどなく，財務会計作成目的の説明に終始しており，管理会計目的にも利用できる財務会計基準であるといえる．財務会計目的にのみ利用するのであれば，選択適用できる手法のうち，簡便なもののみを組み合わせて事務作業量を大幅に減少させることも可能であるし，逆に管理会計目的のために，作業量は多くなるが，精緻な計算を行うことも可能となっている．

　基準改正において，考えられるアプローチは次の三つである．①現在の基準と同様に基本的には財務会計基準であるが，管理会計目的にも使えるよう

配慮する．②実務における指導的指針となるよう，管理会計目的を強化する．③管理会計目的を除外し，純粋な財務会計目的のための基準とする．

①のアプローチでは現在の基準を踏襲する形で改正を行うこととなる．現在の基準のうち，時代に即さない部分を削除し，新たに登場した原価計算を付け加えるなどの改正が考えられる．たとえば，ABCが日本において普及しない原因として，基準においてABCが認められるのか否かが明確ではないことが挙げられている．基準において，ABCを認めるか否かを明確にすることは必要であろう．

このアプローチは現行基準のマイナーな改正を中心として行うことになる．三つのアプローチの中では最もハードルの低いものであろう．しかしながら，②のアプローチを支持する側からは管理会計機能が弱いこと，①のアプローチを支持する側からは管理会計目的が切り離されないことに不満が出るであろう．

②のアプローチは純粋に管理会計目的に利用できる原価計算を基準に盛り込むものである．このアプローチでの改正論としては岡本（1982），櫻井（1979; 1982a; b），川野（2004）が挙げられる．

たとえば，現行基準では製造間接費の配賦において，部門別配賦を原則としている．この基準の存在が日本企業において部門別原価計算が一般的に行われている理由であることは想像に難くない．部門別原価計算が一般的に行われていたことが，日本企業がABCをほとんど顧みなかった理由の一つにあるともいわれており，基準の果たした指導的役割は大きかったといえる．

②のアプローチを採る場合，最大の問題となるのは財務会計目的と管理会計目的の整合性であろう．たとえば，現行基準では直接原価計算は認められておらず，全部原価計算の利益に合致させるための調整が必要となる．このことは直接原価計算の採用を企業に躊躇させる一因となっているかもしれないが，すべての財務諸表が全部原価計算によって計算された利益が表示されるという，計算上の統一性を担保することが可能となっている．もし，経営管理に役立つさまざまな原価計算を基準の中に含めるとすれば，それらの原価計算によって計算された利益を公表財務諸表にそのまま表示するか，調整を施したうえで表

示し，統一性を保つかは議論の分かれるところであろう．

　前者であれば，多様な原価計算が企業に普及することが容易になるが，利用している原価計算によって利益の意味が変わってしまうことになる．これはIFRSが求めるような統一された基準で計算されることによって，すべての企業の財務諸表が比較可能であるような状況とは異なる．後者であれば，統一された利益概念となるが，一方で調整計算が必要な原価計算は，企業からその煩雑さを嫌われ，普及しなくなってしまうかもしれない．

　③のアプローチは現行基準のように管理会計目的に配慮した制度の設計をするのではなく，純粋に財務会計目的のためだけに基準を作成するアプローチである．このアプローチでの改正論としては番場 (1977)，諸井 (1977)，高橋 (2005; 2009a;b; 2012) が挙げられる．

　この改正論の観点からは，現行基準は財務会計基準であるがゆえに，制度に縛られ管理会計目的を充分に果たしていないという問題点が指摘されている．そのため，財務会計目的の基準と管理会計目的の基準を切り離すことにより，制度に縛られず，より自由で合理的な管理会計目的のための原価計算ができるようにする，というのが③のアプローチの目的である．

　③のアプローチを採る場合，財務会計目的の基準と別個に管理会計目的の基準を作成するかどうかが一つの論点となろう．財務会計目的の基準をなくし，管理会計目的基準のみということも考えられるが，財務会計は基準がなければ行えないのであるから，財務会計を作成するための原価計算基準がないということは考えられない．したがって，論点としては管理会計目的の基準を作成するか否かという点になろう．また，管理会計目的の基準を作成する場合に，そこに強制性を付与するか否かも論点となりうる．

　③のアプローチの問題点は管理会計目的を切り離した財務会計目的のためだけの基準というものについて，明確な方向性が現在のところみえないことであろう．IFRSは原価計算について，いくつかの個別の論点に関しては指針を出しているが，IFRSとしての原価計算の全体像を示しているわけではない．また，本章のテーマである原価計算制度と管理会計を完全に切り離すことができ

るかどうかという点についても明確ではない．

(2) 基準の改正に対する態度

基準改正には基準に関わる関係者間で基準改正についてある程度のコンセンサスを得ることが必要である．個々の論点については改正の具体的なプロセスに入った時点でさらにさまざまな意見が出てくると思われるが，改正のアプローチ方法についてはある程度コンセンサスを得なければ，改正プロセスにで入った後に話が全く進まなくなってしまう可能性が高い．尾畑（2012）は基準について，マイナーな改正すらされない理由として，微妙なバランスのうえに制定されていることを指摘している．基準はすべての関係者が合意したものとして作られたのではなく，少なくとも反対が出ないようにさまざまな配慮をしたうえで制定されており，そのバランスが絶妙であるがゆえに，むしろ触ることができないものになってしまっている．このバランスとはすなわち，財務会計目的と管理会計目的のバランスであるといえよう．改正を行う際には，バランスを崩さずに行うか，関係者のコンセンサスを得たうえで行わなければ，うまくはいかないであろう．そこで，アンケート調査で判明している関係者の改正に対する態度を見ていく．

① 学界

原価計算・管理会計研究者の基準改正に対する態度しては，上述した日本会計研究学会第70回全国大会統一論題第2会場で行われたものが唯一であろう．

改正については上述した通り，9割弱の回答者が何らかの改正が必要であると回答しており（尾畑, 2012, p.9），改正の必要性についてはほぼ合意が得られているものと思われる．

次に改正のアプローチ方法であるが，アンケート調査の4で質問された内容と符合する（尾畑, 2012, p.10）．4で質問された内容は①外部報告目的だけでなく，経営管理にも役立つ視点をさらに盛り込む，②外部報告をメインにしつつも，経営管理的観点を可能な限り含める，③外部報告目的の基準に特化すべき，という三つの選択肢からの選択である．これは前項で挙げた三つのア

プローチと同様である．外部報告目的に特化すべきという回答は23.2％と最も少なく，8割弱の回答者は経営管理的観点が必要であるとしている．どの程度経営管理的観点を含めるかという点については，さらに多く盛り込むとの意見が非常に多く，全体の5割弱を占めている．しかし，圧倒的多数ではないため，この点について，学界におけるコンセンサスが得られたとはいえないであろう．

② 実務界

実務界における基準改正への態度に関するアンケート調査としては日本大学商学部会計研究所が定期的に行っている調査（日本大学商学部会計学研究所, 2004），および清水他（2011）の調査が挙げられる．

まず，日本大学商学部会計研究所の調査では，基準改正の是非については1985年調査から2002年調査にかけて増加しており，製造業で，2002年調査では74.2％が改正すべきであるとしている（高橋, 2012, p.38）．学界での割合よりも少ないが，かなり多くの企業が改正の必要性を感じている．ただし，1985年調査と2002年調査では，アンケート回答企業数が大きく違うため，単純に比較して良いかという点には疑問の余地がある．

一方，清水他（2011）の調査では，改正の必要性について，「必要あり」が40.5％，「必要なし」が59.5％と，改正の必要はないと考えている回答者が過半数であった．

次に改正する際のアプローチであるが，日本大学商学部会計研究所の調査の選択肢は(a)財務会計基準の設定，(b)管理会計基準の設定，(c)財務会計基準と管理会計基準をそれぞれ別体系として設定，(d)現行『基準』を踏襲し，管理会計機能を強化した原価計算基準の設定の四つである．(a), (b), (c)の項目は財務会計目的の基準と管理会計目的の基準を切り離すという意図であるため，上述のアプローチでは③と符合する．(d)は①と②にかかる内容であるといえる．1985年調査では(d)が6割弱であったものが，2002年調査では製造業で35.4％にまで減少し，(a), (b), (c)が合わせて64.6％となり，逆転している．この原因については明らかではない．

他に基準の改正への実務者としては公認会計士・監査法人が挙げられるが，改正への態度を調査したものは今のところない．

3．原価計算システムのコスト・ベネフィット

(1)「異なる目的には異なる原価を」のコスト・ベネフィット

現行基準は財務会計目的の基準としては必ず必要であるとはいえない標準原価計算や部門別原価計算を盛り込み，管理会計に関する啓蒙的な意味づけを持つ基準であった．しかしながら，たとえば，標準原価計算や部門別原価計算を外したところで，原価計算制度から管理会計機能が全くなくなるかというと，そのようなことはありえない．

高橋（2012）は基準を財務会計目的の基準として純化することにより，管理会計を制度会計の軛から解放すべきであるとしている．どのように財務会計目的の基準に純化するかは明らかではないが，たとえば，現行基準から管理会計的要素を切り離す形での純化が考えられる．しかし，このような財務会計目的の基準への純化は，管理会計の可能性を広げるどころか，むしろ企業における管理会計の自由度を狭める可能性があると考えられる．

「異なる目的には異なる原価を」は Clark の至言であるが，実際にその通りに行うためにはコスト・ベネフィットの問題を解決しなければならない．原価計算は人的資源や会計システムなどへの設備投資が必要となり，企業はそのコストを上回るベネフィットがなければ，新たな原価計算を採用することはできない．

現代は IT が発達したため，これを前提として原価計算基準を考えるべきであるとされることが多い．これはコンピュータによって計算すれば，これまで計算の手数がかかっていたものが，一瞬で計算できるようになったことを意味している．たとえば，補助部門費の配賦を手計算で行う場合，純粋相互配賦法の適用は非常に難しい．このことは純粋相互配賦法が普及しない理由であったと考えられる．しかし，現在は表計算ソフトを利用することで，一次であれば，

多元連立方程式でも一瞬で解くことが可能であり，その計算コストほとんど0である．この点でのコストは確かにITの進歩により劇的に減少したといえる．

しかし，原価計算を行うためのコストは計算コストだけではない．より重要なコストは原価計算を行うための情報を収集するためのコストである．たとえば，直接作業時間は製造間接費の配賦基準としては陳腐化しており，機械運転時間などのより適切な配賦基準を利用すべきであるといわれて久しいが，依然として多くの企業が直接作業時間を利用している．この理由は定かではないが，情報収集コストが大きな影響を及ぼしている可能性が考えられる．

直接作業時間は直接工の労務費を製品に直課するために必要な情報であり，工場では作業時間票を利用するなどして，どの製品に対して，どれだけの時間，直接作業を行ったかを収集している．製造間接費の配賦にはこの情報をそのまま流用すればよいので，製造間接費を配賦するためにかかる情報収集コストは0である．

一方，機械運転時間を配賦基準とした場合，他に機械運転時間を利用する計算がないため，製造間接費を配賦するためだけに，どの製品に対して，どれだけ機械運転時間を利用したかについての情報を収集できるよう体制を整えなければならない．製造間接費の配賦のために新たな手間とコストが発生することとなる．したがって，製造間接費の配賦をより精緻にすることによって得られるメリットが少ないと感じていれば，新たな情報収集コストを生む機械運転時間を採用することなく，製造間接費の配賦がある程度歪むことを承知で直接作業時間を利用することになる．

原価計算システムのコストは情報収集コストと計算コストの合計で考えるべきである．IT化の進展は計算コストを小さくしたが，情報集コストはそれほど小さくなっていない．「異なる目的には異なる原価を」は理想ではあっても，コスト・ベネフィットを考えるとその実現は難しい．

(2) 原価計算システムの選択

原価計算のコスト・ベネフィットは原価計算システムの選択として具現化さ

れる．日本大学商学部会計研究所の調査ではいかなる原価計算システムを選択しているかを質問している（高橋，2004，p.18）．

具体的には①単一目的型システム，②多目的型システム，③データベース型システムの3種類である．

単一目的型システムはまさに「異なる目的には異なる原価を」を体現したシステムであるといえる．すなわち目的ごとに原価計算システムを構築し，それぞれ運用していくシステムである．ただし，この調査で単一目的型システムを採用していると答えた企業が実際に複数の原価計算システムを利用しているかどうかは不明である[1]．製造業では1985年調査で31.76％であったものが2002年調査では19.15％となり，単一目的型システムは減少し続けている．

多目的型システムは調整計算を施すことにより一つの原価計算システムをさまざまな目的に利用するシステムである．現行基準と適合的なシステムであるといえる．多目的型システムはあまり変動がなく，1985年調査で48.74％，1994年調査で41％，2002年調査で43.62％とすべての調査で40％台をキープしており，すべての調査で最も多いシステムである．

単一目的型システムが減少した代わりに増加しているのがデータベース型システムである．データベース型システムは原価計算に必要となるデータをデータベースに蓄積し，目的に応じて加工を行い，出力するシステムである．ERPの導入がデータベース型システムの増加を進展させたと考えられる．データベース型システムは1985年調査で19.49％，2002年調査で37.23％と，単一目的型システムとの割合が完全に逆転している．

この結果はITの進展よる計算コストの低下を示唆しているものと考えられる．データベース型システムは単一のデータソースを加工することで，さまざまな目的に利用することに特徴がある．データソースは単一なので，情報収集コストは増加しない．一方で従来は手計算で手間がかかっていたために高かった計算コストは，IT化することによって低下した．単一目的のために複数のシステムを構築・運用するよりははるかにコスト・ベネフィットは高いであろう．そのため，単一目的型システムからデータベース型システムへの移行はコ

スト・ベネフィットの点からメリットが大きい．特に単一のシステムを単一の目的のためにのみ利用していた企業にとってはそうであろう．

一方で多目的型システムを構築・運用している企業にとってはデータベース型システムに移行するメリットは大きくない．できることが大きく変わるわけではないので，システムを変更した場合，メリットがそれほど大きくなく，移行のためのコストだけがかかることになる．

(3) 企業における原価計算システムの財管一致

原価計算システムのコスト・ベネフィットは財務諸表作成目的の原価計算と経営管理目的の原価計算に同じものを利用するか，違うものを利用するかという点にも現れる．高橋（1988, p.27）は財務諸表作成用原価計算と経営管理用原価計算のクロス集計をしているが，ほとんどの企業で，財務諸表作成用原価計算と経営管理用原価計算で同一の原価計算を用いている．つまり，一つの原価計算を両方の目的に利用している企業がほとんどである．これも原価計算システムのコスト・ベネフィットを考えれば当然のことであろう．

4．実際原価計算制度の管理会計機能

基準で規定されている制度としての原価計算は実際原価計算制度と標準原価計算制度である．実際原価計算で計算された製品原価には製造現場で発生した不能率や無駄を含んでいるため，実際原価計算は経営管理目的にはあまり向かないといわれているが，日本大学商学部会計研究所の調査では，実際原価計算を経営管理目的に利用している企業が多数あることが明らかになっている（高橋，2004, p.7）．

そもそも，実際原価計算では原価管理ができないわけではなく，標準原価計算に比べれば，劣るという程度である．標準原価計算では科学的に標準原価を設定しなければならないという要請があるため，扱っている製品によっては標準原価の設定が不可能な場合がある．たとえば，注文ごとに仕様が全く異なる

ような製品では標準原価を設定することは難しい．このような場合，標準原価計算ができないからといって原価管理を行わないということにはならず，実際原価で原価管理を行うことになろう．

また，標準原価の設定に際しては，その手間とコストが問題になる．標準原価の設定にかかる手間・コストと得られるベネフィットを比べて，前者が大きければ，実際原価での原価管理を選択することになる．高橋（2011）はTDKが標準原価計算から実際原価計算に移行し，原価管理を行っている事例を報告している．

実際原価計算が原価管理に利用されていることは驚くに値しない．そもそも過去の実績記録なしに管理を行うことは不可能である．実際原価計算は過去の実績記録そのものであるため，容易に原価管理のために利用することができる．

実際原価計算制度は生得的に管理会計機能を有しているといえ，財務会計機能のみに特化したような実際原価計算制度はそもそも存在しえない．

また，分離論では財務会計用の原価計算システムと管理会計用の原価計算システムを分けて運用することが提案されている（牧戸，1989；高橋，2005；2009a；b）．財務会計用には簡便な計算にとどめ，管理会計用には財務会計の制約から解放されたより管理に役立つ原価計算システムを構築するということである．しかし，実際原価計算に関して，そのような方法を採る必要性はほとんどないであろう．管理会計用に作った情報を加工することによって，財務諸表を作成することに特に問題はない[2]．

5．現代の製造環境と標準原価計算制度

(1) 標準原価計算陳腐化論

標準原価計算は現代の経営環境下，あるいは製造環境下において陳腐化し，すでに歴史的役割を終えたという主張がさまざまな論者によってなされている．その理由として挙げられているのは以下のものである．

① 標準原価計算は少品種大量生産のもとで大きな効果を発揮するが，現代の製造環境は多品種少量生産であり，標準原価計算の効果はあまりない．
② 標準原価計算は長期的に適用することによって効果を発揮するが，製品ライフサイクルが短縮化したため，標準原価計算が効果を発揮する前に製品ライフサイクルが終わってしまう．
③ 標準を設定するには手間とコストがかかるが，①②のため，コストをかけるだけの意味が見いだせない．
④ 原価企画の普及により，原価管理の重点はより川上に移行している．製造段階でのコスト改善余地は少なく，製造段階での原価管理はあまり意味がない．
⑤ 標準原価計算が原価管理のメイン・ターゲットとしているのは，数量差異と作業時間差異である．FA化の進展により，工場における人手による作業が少なくなり，標準原価計算がその主なターゲットとする直接作業時間が僅少になった．また，機械は作業ミスをしないので，数量差異もほとんど発生しない．

このような主張は『Relevance Lost』以来，多くの論者によってなされてきたが，実際の企業では標準原価計算の採用が減少していない（佐藤，1999；高橋，2004）．また，多くの企業が標準原価計算は原価管理目的に現在も有用であると感じており（高橋，2004，p.36），理論と実務に大きな乖離が生じている．

このような乖離が生じている理由はそれぞれの実態調査でも明らかにはなっていないが，原価企画の普及が影響していることが一つの仮説として考えられる．

(2) 原価企画と標準原価計算

原価企画は多くの文献で標準原価計算と対立的な視点から比較され，現代の経営環境下，製造環境下では，より源流で管理する原価企画がより有用であるとされる．しかしながら，原価企画と標準原価計算は対立するものではない．実際，原価企画の発祥であるトヨタ自動車は原価企画，原価改善，原価維持を

原価管理の三本柱としている．原価維持はすなわち標準原価計算による原価管理である．

　原価管理という概念が同じであるため比較対象となるが，優劣の問題ではなく，あくまでも考え方の違いであるといえる．また，原価管理のターゲットは原価企画では企画設計段階における見積原価，標準原価計算では製造段階における実際原価であって，異なるため，平行して行うことが可能である[3]．すなわち，原価企画によって目標原価を達成した新製品は，製造段階において標準原価計算が適用される．標準原価計算を適用するうえでの，大きな障壁は適切な標準原価の設定である．適切な標準原価を設定するためには，そのための手間とコストが必要である．

　原価企画は事前に設定した目標原価を企画・設計段階で達成するために原価を作り込んでいくが，製造段階でどのようなプロセスで製品を製造するか，どのような材料を使うかなども考慮したうえで進む．したがって，原価企画活動により達成された目標原価は標準原価の要件を充分に満たす．原価企画によって達成された目標原価を，そのまま標準原価として流用できるのであれば，標準原価計算を行ううえでの最大の障壁である標準原価を設定は，原価企画を採用することにより自動的に解消することになり，標準原価計算のコスト・ベネフィットは非常に大きなものになる．

(3)　標準原価によって財務会計作成できることの意義

　標準原価計算を財務会計目的に流用できることは，標準原価計算のコスト・ベネフィットを大きく高めている．もし，標準原価計算制度が制度会計として認められていなければ，標準原価計算によって原価管理を行っている企業は，財務諸表作成用に実際原価計算を平行して採用しなければならなくなり，追加のコストがかかることになるため，標準原価計算のコスト・ベネフィットは悪化する．

　標準原価計算制度に関しては理想標準原価の取り扱いが論点としてある（中山，1962;1963；高橋，2012）．理想標準原価が標準原価計算制度の枠組みの中で

使えない理由は財務会計側からの要請であるといえよう．理想標準原価は現実的には達成不可能な標準であり，財務会計の立場からすれば，理想標準原価を真実の原価として認めることはありえないであろう．IFRS においても標準原価計算は実際原価計算の簡便法として認められている．その際，標準原価が実際原価に近似する場合にのみ認められると規定されている (IAS2)．基準四二で「現状に即した標準でなければならいから，常にその適否を吟味し，……現状に即するようにこれを改訂する．」としており，現行基準と IFRS に大きな齟齬はないといえる．

しかしながら，原価企画と結びついた標準原価計算では，標準原価は理想標準原価ではありえない．原価企画において，製造段階で達成不可能な状態で目標原価を達成したというのでは，目標原価を達成したことにはならない．現実的に製造段階でその目標原価通りに製品を製造できなければ，目標原価の達成といっても画に描いた餅に過ぎない．その意味で，原価企画で達成された目標原価から導き出される標準原価は現実的標準原価であるといえる．

もし，標準原価計算が財務諸表作成目的に使えなくなるとすれば，複数の原価計算システムを構築し，運用できる企業以外は標準原価計算を利用することができなくなってしまう可能性が高い．少なくとも理想標準が利用できないことのみをもって，標準原価計算を制度から除外する必要性は見当たらないといえる．

6．管理会計機能を強化するアプローチ

基準改正のもう一つのアプローチは管理会計機能を強化する方向性でのアプローチである．

櫻井 (1996) は製造間接費の配賦方法として ABC を明確に認めるべきであるとの主張をしている．ABC が提唱されたのは基準制定以降であるから，当然，現行基準には記載されていない．ABC を現行基準が認めるか否かという点について，認めるという主張もあれば，認められないという主張もある．特

にABCを推進しようとする論者は，基準で認められていないことがABCの阻害要因となっており，基準を改正すべきであると主張している（櫻井，1996；川野，2004）．

　森本（2004）は製品の精緻な原価を計算することを主眼とした初期のABCは部門別原価計算と親和的ではないが，Turney and Staratton（1992）の主張する第2世代ABCは現行基準と親和的であるとしている[4]．

　いずれにせよ，改正時にはABCに対する明確な指針は必要になろう．ただし，認める場合，現在の部門別原価計算の代替としてABCを記載するのではなく，部門別原価計算と選択的適用が可能である技法として制度に組み込むべきであろう．いずれにせよ，ABCを認めるような改正は，マイナーな改正といえるものであって，ABCが全部原価計算である以上，財務会計側からの批判もないように思える．

　基準改正に対しては，さらに踏み込んで多くの管理会計技法を基準に入れる主張もある．川野（2004）の主張がその典型であろう．

　川野（2004）は日本企業の国際競争力の回復のためにも，基準の啓蒙的側面を重視すべきであるとし，新たな管理会計技法を含む具体的な基準案を提示している．たとえば，全部原価計算と部分原価計算を並立させて規定したり，特殊原価調査や原価管理についても規定したりしている．

　このような基準の設定は野心的ではあるが，財務会計側からの批判にあうことは明らかであろう．実際原価計算制度と標準原価計算制度は全部原価計算をその土台としており，標準原価計算も差異の処理を行うことにより，実際原価計算の結果と同等の利益を表示することになる．しかし，部分原価計算では製品原価と期間原価の区分が変わることになり，利益概念自体が異なる．また直接原価計算では，変動費と固定費を客観的に区分するための方法がないため，この点も財務諸表作成目的としては問題があるといえる．IFRSはすべての企業の財務諸表の比較可能性を高めることを一つの目的としているが，全部原価計算と部分原価計算の並立はこれに反することになる．

　また，特殊原価調査や原価管理などを基準に盛り込むことについては，「原

価計算基準及び手続要綱（案）」が財務会計側の批判に耐えられなかったことと同様のことが起こると思われる[5]．

　基準はあくまでも企業会計原則の一環として，財務諸表に記載することができる真実の原価を計算するための手続きとしての原価計算制度を規定することが社会的に求められているのであり，原価計算制度として馴染まない要素は規定することは困難である．これは現行基準制定から環境が大幅に変わったとはいえ，変わらない点であるといえる．やはり，原価計算制度を超える部分については，基準が啓蒙するのではなく，各企業の自由に任せるべきであろう．

7．IFRS の「原価計算基準」への影響

(1)　資産負債アプローチと原価計算

　IFRS は周知の通り，資産負債アプローチを採っている．一方，原価計算は収益費用アプローチをその前提としており，資産負債アプローチを採る IFRS と不整合である．尾畑 (2011) は純粋な資産負債アプローチのもとでは原価計算は必要とされていないのではないかとしている．IASB が現在に至るまで原価計算の基準を設定しようとしていないのがその証左であるとしている (p.184)．

　純粋な資産負債アプローチのもとでは資産は公正価値によって評価される．原価計算は取得原価主義を大前提としており，公正価値会計とは馴染まない．そもそも，公正価値会計によれば，資産の価値は出口価格（exit value）によって評価されるべきであり，どれだけの価値を犠牲にして製品を製造したかは，製品の価値とは全く関係がない．したがって，製造プロセスにのっとり，原価凝着を行い，製品価値を算出する原価計算は資産負債アプローチのもとでは不要になる．

　IFRS の枠組みの中で原価計算が本当に必要とされていないのであれば，意図せずして原価計算は財務会計から解放され，純粋に管理会計目的のために利用されることになる．しかしながら，IAS2 では，実際原価計算によって棚卸

資産の評価を行うことを原則とし，標準原価計算を実際原価計算の簡便法として位置づけていることから，これまでの原価計算をほぼ踏襲する形で棚卸資産を評価すると考えられ，IFRS下で原価計算が不要になるというのは杞憂ではないかと思われる．

(2) IFRSと「原価計算基準」の乖離

一方で，IFRSと基準にはいくつかの点で乖離があり，コンバージェンスのためには基準の改正は不可欠である．櫻井（2012）はIFRSと基準との乖離を何点か挙げているが，その中で基準の改正に関係する後入先出法，セグメント別計算，製造間接費の配賦の3点について検討する．

後入先出法については，すでに日本の会計基準でも禁止されており，基準においても禁止する必要があろう．その廃止は既定路線といえる．

セグメント別計算については，マネジメント・アプローチは経営者が利用していた情報を開示するというものであり，いわば管理会計目的の情報をそのまま財務諸表に流用できるようにすることによって，企業の財務諸表作成コストの低減を図ったものであるといえる．その意味では，原価計算制度の管理会計機能を強化できるといえる．財務諸表作成のために必要であるため，その規定は基準に必要となるであろう．

IFRSでは製造間接費の配賦方法として，予定配賦を原則としており，これは現行基準と同等である．予定配賦率を計算するための基準操業度としては現行基準とIFRSとの差異がある．基準三二（五）では「予定配賦率の計算の基礎となる予定操業度は，原則として，一年又は一会計期間において予期される操業度であり，それは，技術的に達成可能な最大操業度ではなく，この期間における生産ならびに販売事情を考慮して定めた操業度である．」と規定しており，期待実際操業度を原則としている．

それに対して，IFRSは正常生産能力（normal capacity）を原則としている．正常生産能力は「計画的なメンテナンスをしたうえで生じる能力の低下を考慮して，正常な状況で期間又は季節を通して平均的に達成されると期待される生

産量」とされており，期待実際操業度とは異なる規定となっている．

日本企業は製造間接費予算の設定に固定予算を利用している場合が非常に多い．固定予算を利用している場合，実際操業度と基準操業度が大きく異なると差異分析が信用できなくなるという欠点があるが，日本企業では期待実際操業度を基準操業度として用いることによって，実際操業度と基準操業度の差を少なくして，差異分析の正確性を保っているといえる．固定予算によって製造間接費予算を設定し続けたうえで，正常生産能力を基準操業度として使った場合，差異分析が信用できなくなるおそれがある．ただし，正常生産能力を採ることにより，操業度差異を算出することで，投資意思決定の誤りを把握できる点は優れているといえる．基準操業度の原則をIFRSと同等の正常生産能力とするかは論点となろう．

IFRSでは正常生産能力を大幅に下回った場合でも生産単位あたりの固定製造間接費の配賦額を増加させないとしている．これは製造間接費配賦差異を棚卸資産に再配賦することを禁止しているものであるが，現行基準四七（一）において「原価差異は，材料受入価格差異を除き，原則として当年度の売上原価に賦課する．」としており，原則上全く同じである．予定価格等が不適当である場合には，棚卸資産にも配賦することができるが，これは正常水準の低下ではないため，無関係である．

一方で，正常生産能力を大幅に上回った場合の処理は異なる．IFRSでは予定配賦率により配賦される額よりも少ない額を各生産単位に配賦しなければならない．つまり，正常生産能力を大幅に上回った場合には実際配賦を行うことを要請しているといえる．しかし，正常生産能力の定義上，実際操業度が正常生産能力を大幅に上回ることはほとんどないといえる．

(3) IFRSにおける原価計算制度の管理会計機能

IFRSでは原価計算制度が持つ管理会計機能について，全く触れられていない．また，現状では原価計算制度についてIFRSで規定されている内容が非常に少なく，その全体像は不明である．

しかしながら，棚卸資産評価に関するIAS2では，細かい規定に違いはあるが，実際原価計算制度と標準原価計算制度を踏襲しており，現行基準とも多くの点で合致すると思われる．IFRSでは資産負債アプローチが採られているため，出口価値によって棚卸資産を評価するという方向性も考えられた．そうであったとすれば，原価計算自体が必要なくなり，管理会計機能はほとんどなくなることになった．しかし，実際はこれまで通りの原価計算が行われる可能性が高い．

IFRSへのコンバージェンスのための規定の改正においては，管理会計機能の考え方については現行基準と変えることなく，現行基準とIFRSとの差異を埋める形のマイナーな改正が最も適合すると考えられる．

8. ま と め

財務会計と管理会計が分かちがたい性質は，基準二で「原価計算制度は，財務諸表の作成，原価管理，予算統制等の異なる目的が，重点の相違はあるが相ともに達成されるべき一定の計算秩序である．」に表されている．

財務会計目的に純化する方向性で改正を行う場合，このような財務会計と管理会計の関係性を無視することになる．そもそも財務会計と管理会計が分かちがたく結びついているのであれば，財務会計目的に純化した基準は机上の空論でしかない．もし，IFRSにおいて，公正価値によって棚卸資産が評価されるのであれば，純粋に財務会計目的となるが，それはそもそも原価計算が行われないことを意味している．また，IFRSの内容を見れば，原価計算を行わずに棚卸資産の評価を行うような方向性にはならないことが予想される．つまり，現在行われている原価計算の延長線上で棚卸資産の評価が行われることになろう．その場合には，IFRSにあわせた改正を行う際にも，管理会計機能に配慮した基準の改正が必要であろう．

一方で，新たに提唱された管理会計技法を基準に盛り込むことも困難さを伴う．財務諸表作成のために利用できる原価計算制度を規定することが基準に課

せられた重要な使命である以上，基準で規定される原価計算は制度会計の一環として機能しなければならない．たとえば，直接原価計算の制度化を行った場合，どちらを採用しているかによって，利益の意味が変わってしまうことになる．IFRSは財務諸表の比較可能性を高めることを一つの目的としているが，直接原価計算の制度化はそれに反することになる．

その他の管理会計技法についても同様である．原価計算制度の一環としての位置づけが与えられないのであれば，基準に盛り込むことは，マネジメント用の基準としての色彩が強かった「原価計算基準及び手続要綱（案）」が審議会において，了承を得られなかった轍を踏むことになる．基準である以上，制度会計の一環としての規定を制定しなければ，財務会計側からの反論に遭うことになろう．

実際に原価計算を行う企業のコスト・ベネフィットを抜きに基準を考えることも適切ではない．IT化の進展は原価計算のコストを低下させたといわれるが，本章で指摘したように計算コストは低下しても，情報収集コストはそれほど低下しているとはいえない．財務会計目的の基準に純化させる改正の方向性は，財務会計目的の原価計算システムと管理会計目的の原価計算システムを並立させることを前提としているが，これは原価計算システムのコスト・ベネフィットを著しく低下させることを意味する．原価計算が財務会計から自由になることによって，メリットが増大したとしても，コストがそれ以上に増大するのであれば意味はない．

基準改正にはさまざまなバランスを考えた上で，絶妙な落としどころを考えていくことが必要であろう．

1) たとえば，原価計算を原価管理目的で利用しておらず，財務諸表作成目的でのみ利用している場合，回答としては単一目的型システムが選択されるものと思われる．その場合，単一の原価計算システムが構築されているだけである．
2) ただし，尾畑（2012）はTDKの行っている実際原価計算や尾畑（2011）が提唱

するスナップショット・コスティングは原価凝着の原則を破っており，基準に適合しない可能性を示唆している．
3) 同様に原価改善は原価維持および原価企画とは異なる原価管理活動であるため，同時に行うことが可能である．原価改善は製造段階において行う点については，原価維持と同様であるが，現在の製造環境および製造マニュアルを所与としないという点で原価維持とは異なる．そのため，現状の製造方法を改善することで原価低減を行い，それを標準原価に反映することで大きな効果を得ることができる．また，原価改善は製造環境を所与としないという点で原価企画と同様であるが，適用段階が異なる．原価企画で目標原価の達成があと少しで達成できないというときに，製造プロセスに入ってから原価改善によってフォローすることが可能である．
4) ABCは活動ごとに製造間接費の配賦を行うが，原価集計単位である活動が工場の部門と異なっている場合，活動を管理する管理者が存在しないことになる．その場合，たとえ正確な原価が算定できたとしても，その活動を管理することができない．結局，管理を行うのであれば，その原価に責任を持つ管理者が必要になるのであって，部門という枠組みが必要になる．また，森本は初期のABCで否定されていた補助部門費の製造部門への配賦についても，少なくとも補助経営部門については適切であるとしている．
5) 中西寅雄を部会長とする企業会計審議会第4部会は，1953年に原価管理を強調した「原価計算基準及び手続要綱（案）」を提出したが，第3部会長の岩田巌からの批判を受け，マネジメント色を大幅に薄めることとなった（尾畑，2011，pp.180-182）．

参 考 文 献

青木茂男（1982）『会計学総論』中央経済社．
岡本清（1982）「原価計算基準への提言」『会計』122(5)，695-708．
尾畑裕（2011）「原価計算：過去から未来へ」『経理研究』54，1-15．
尾畑裕（2012）「原価計算基準から原価・収益計算基準へ」『曾計』第181巻第2号，149-163．
川野克典（2004）「経営環境の変化と「原価計算基準」―「原価計算基準」改訂の論点―」『原価計算研究』Vol.23, No.1, 23-34．
小林建吾（1963）「原価計算基準に対する一批判―故土岐政蔵博士の追悼のために」『産業経理』23(10)，54-60．
櫻井通晴（1982a）「『原価計算基準』の基本的性格と基礎概念」『会計』122(5)，709-733．
櫻井通晴（1982b）「産業構造の変化と『原価計算基準』」『専修経営学論集』34，73-90．

櫻井通晴（1996）「「原価計算基準」改訂の必要性」『専修経営研究年報』No.21, 1-7.
櫻井通晴（2012）「原価計算の実務は IFRS によってどのような影響を受けるか―「原価計算基準」との整合性を勘案して―」『産業経理』Vol.72／No.1, 4-15.
佐藤進編著（1999）『わが国の管理会計―実態調査研究―』中央大学出版部.
清水孝・小林啓孝・伊藤嘉博他（2011）「わが国原価計算実務に関する調査」『企業会計』63(8), 1208-1217.
高橋史安（1988）「わが国における原価計算の構造と課題」『会計学研究』第3号.
高橋史安（2004）「わが国における原価管理の実証的研究～1994年調査と2002年調査の比較を中心に～」『会計学研究』第17号, 1-47.
高橋史安（2005）「『原価計算基準』改正の視点」『原価計算研究』29(2), 1-15.
高橋史安（2007）「「多目的型原価計算基準」の歴史的研究」『会計学研究』第21号, 117-130.
高橋史安（2009a）「『原価計算基準』研究―『原価計算基準』改正の方向について (1)」『商学集志』79(1), 1-21.
高橋史安（2009b）「『原価計算基準』研究―『原価計算基準』改正の方向について (2)」『商学集志』79(2), 29-44.
高橋史安（2011）「実際原価による原価管理；TDK の新原価管理制度」『経理研究』54, 191-203.
高橋史安（2012）「原価計算基準の課題」『曾計』第181巻第2号, 31-44.
中山隆祐（1963）「理想標準原価除外についての考察」『産業経理』23(1), 86-94.
中山隆祐（1962）「理想標準原価追放の決断」『企業会計』14(15), 120-126.
鍋島達（1963）「原価計算基準について」『会計』84 (2), 94-203.
鍋島達（1969）「原価計算基準―その意義と今後の課題」『企業会計』2(1), 88-92.
日本大学商学部会計学研究所「原価計算・管理会計実践の総合的データベースの構築」『会計学研究』17, 1-193.
番場嘉一郎（1977）「『原価計算基準』の検討課題」『企業会計』29 (2), 173-179.
牧戸孝郎（1989）「わが国原価計算基準の再検討―標準原価管理に焦点を当てて」『会計』135(1), 31-46.
森本和義（2004）「経営環境の変化と『原価計算基準』― Activity-Based Costing と Proze ßkostenrechnung との比較研究」『原価計算研究』Vol.23 ／ No.1, 12-22.
諸井勝之助（1977）「『原価計算基準』の見直し」『企業会計』29(2), 190-194.
Turney, P. B. B. and A. J. Staratton (1992), "Using ABC to Support Continuous Improvement, Management Accounting, September, pp.46-50.

第7章　原価計算の利用の仕方が原価企画の
　　　　順機能・逆機能に及ぼす影響

――会計の不可視性に着目して――

1．はじめに

　原価企画の逆機能が指摘されて久しい．その問題の多くは原価企画の運用の仕方に起因すると指摘されている（加登，1993，p.281; 1994，pp.74-76；加藤，2010，p.38; 2011，p.119；田中（隆），1994，p.17；田中（雅），1995，p.24）[1]．

　もとより原価企画は，新製品の企画・設計段階において設定される目標原価と見積原価との原価差異を計算する原価計算技法である．と同時に，その原価差異を埋め，目標原価を達成する活動でもある[2]．したがって，原価計算の利用の仕方如何によって，原価企画の運用効果は変化する．

　Chapman（2012，p.26）のように，原価計算をどう使うかという点こそが，重要だと指摘される一方で，原価企画研究では原価計算の利用の仕方に関して，企業にとって望ましい成果である順機能への言及に傾注してきた嫌いがある．他方でそれと比べて，望ましくない逆機能への議論はわずかといわざるをえない．というのもそれは，原価企画が1980年代の日本企業の競争優位の源泉の一つとして捉えられ（伊藤，2001，p.147；藤本，2001，p.268），原価企画が有する魅力の探究を中心に研究が行われてきたからである[3]．

　とはいえ，そうした原価企画の逆機能への議論が少ない中にあって，原価計算と原価企画の逆機能との関係に言及されている研究も存在する．たとえば岡野の一連の研究（1992a; b; 1995; 2003）が挙げられる．そこでは，原価計算を含む会計の特徴の一つである不可視性が原価企画の順機能だけでなく，逆機能に

も影響を及ぼしていることが指摘されている．このことは原価計算の利用の仕方が原価企画の実施効果を左右しうることを裏づける重要な指摘である．

　しかしながら，そうした会計の不可視性が，原価企画の各順機能・逆機能にどのような影響を及ぼしているのかに関しては十分な議論がなされているとはいえない．原価企画の目標原価設定方法が差額方式から絶対値方式に移行傾向にあり（岡野，2004, pp.72-74），それに応じて会計情報の重要性が一層高まる今日，このような原価計算の使い方が及ぼす影響を思案することは不可欠になってきている．

　さらに，そもそも通常，企業経営では，会計数値と同時に物量数値も扱われ実体管理も並行して行われており，会計数値が一人歩きをしないように措置されているはずである．とすれば，なぜ会計数値が原価企画の逆機能にも影響を及ぼすのか．これを確認しておく必要がある．

　そこで本章では，会計の不可視性を手掛かりに，原価計算の利用の仕方が原価企画の順機能・逆機能にどのような影響を及ぼすのか検討する．とりわけ，原価計算技法の誤った使い方がなぜ生じるのかを明らかにする．

　本章の構成は次の通りである．2では，原価計算を含む会計が持つ特徴の一つである会計の不可視性の概念に触れ，原価計算をどのように利用する際に会計の不可視性に注意する必要があるのかを確認する．これを踏まえて，3では会計の不可視性が及ぼす原価企画の順機能的側面を考察する．4では，これまで指摘されてきた原価企画の逆機能を会計の不可視性の視点から再整理し，5ではそうした原価企画の逆機能に対する会計の不可視性の影響について検討する．6は本章のまとめと課題を示す．

　本研究の目的は，原価企画を実施して逆機能的側面が顕在化しないよう措置することにある．本章は，その目的を達成するために，原価計算の利用の仕方から検討を試みることにある．

2．原価計算（会計）の不可視性とその利用上の注意点

原価計算は，原価測定の用具としての社会的産物である（木島，1992，p.6）．原価測定のために原価計算は，異質性を貨幣尺度で一元的に測定する．このことによって，同質性，加法性が付与される（木島，1992，pp.1-2）．同質性，加法性が付与されることによって，原価計算およびそれを含む会計は，不可視性の特性を有することになる．

(1) 会計の不可視性

岡野（1992b，p.60）によれば，会計における不可視性とは，会計手法を用いることで，それ以前には明示的であったものが見えなくなるという側面を示すものである．計数管理技法としての会計の属性に根ざすものとされる．すなわち，異質性のある対象物をすべて金額表示に換算することによって四則演算が可能となり，その集計額に新たな意味が付与される．一方で，元の対象物の属性が直視しにくくなる．これによって，異質なものでも同一のレベルにまで還元できるという同質性によるポジティブな意味を持つ反面，元の対象物の各々が有していた属性を見失わせることになる．ここに会計の不可視性が存在するというのである．

このように会計の不可視性は，明示されない内容を隠れ持つことになる．そのような明示されていない内容から推論される推意に関しては，誤解が生じる可能性を多分に含んでいる（岡本，2013，p.222）．そうした誤解を会計数値が孕むことで，企業経営に良くも悪くも影響を与えうるのが[4]，会計の不可視性の特徴である．

また，会計の不可視性には不可逆性の存在可能性を見過ごすべきではない．ここに不可逆性とは，一度変化したものが再び元の状態に逆戻りできないことをいう．とすれば，会計の不可視性による不可逆性とは，一度金額表示に換算された会計数値を用いて四則演算し，その結果から算定された集計額を再び元の対象物に逆戻りしがたいことと捉えられる．

岡野（1992b, p.59）では，標準原価計算の先駆者として評価されているHarrington Emersonの基本的思考を基に原価の位置づけに関して，作業能率を原価によって計数化することは可能であっても，逆に原価数値でもって作業能率の向上を図ることはできないと述べられている．このことは，原価数値には不可逆性が存在しうることを物語っており，それが会計の不可視性を強めている[5]．

(2) 原価計算の機能

では，この会計の不可視性を内包する原価計算を，どのように利用する場合に注意が必要となるのか．周知のように，原価計算の機能には，価格政策，期間損益計算，経営管理，意思決定があげられる．これらは経済的背景により歴史的に付加されてきたものである（木島，1992, p.24）．また，それらを広く会計機能として捉えた場合，評価，注意喚起，問題解決（岡野，1995, p.145）に識別することもできる．

これらのような区分をした場合，原価計算は経営管理や評価に利用される場合に注意が必要といわれる（岡野，1995, pp.143-145）[6]．というのも，物と会計数値との間に，人間の関与を認めるからである．すなわち，人間が関与することでその乖離が生じやすくなるからである（Chapman, 2012, pp.26-27）．敷衍すれば，経営管理や評価に原価計算を利用することで，人間が原価計算数値を解釈する余地を生じさせるからである．岡野（2003, p.4）も指摘するように，会計の不可視性が存在することによって，「人を計算可能にする」（計算可能性）が，一方でそれは，必ずしも「人を管理可能にする」（管理可能性）ことにつながらないからである．

そうしたことを失念して，原価計算を管理可能性の局面から用いようとすれば，後述するように上司と部下，または部署間さらにはサプライヤーとの間で，原価計算数値の解釈をめぐって問題が引き起こされかねないのである．このような問題は，会計数値に頼って経営管理を行い始めた頃から，そうした逆機能が生起する危険性を孕んでいたようである．

(3) 時の経過に伴う注意点

原価企画では，まさに原価計算をそのような経営管理や評価のために利用しているため，注意が必要である．この際に配慮が手薄になり，会計を過剰に利用しようとすればするほど，逆機能が顕在化しやすい．さらにそれは，原価計算が日常業務の中で用いられ続けると，硬直化を生み出し，逆機能を招くことが指摘されている（岡野，1995，p.9）．

そうした硬直化を生み出す原因には，時の経過と相まって，制度化，習慣化（岡野，1992a，p.105），組織文化が関連する．

① 制度化

ここでいう制度とは，「制度会計」や「原価計算制度」などにおける公の機関に承認された枠組みだけを意味するわけではない．木島（1993，p.70）に依拠すれば，制度とは，その枠組みが使用主体によって継続的かつ反復的に利用され，慣行化することによって様式化された秩序として，それが展開する組織内で合意を得て，逆にその組織成員の意思決定や行動がその秩序によって拘束または支配される場合，その枠組みが制度として捉えられる．

原価企画あるいはそこで用いられる原価計算は，原価企画部（室，課）が設置されていたり，あるいは原価管理部で原価企画が日常的に実施されていたりする場合，それを制度として捉えることも可能であり，そのような制度として原価計算が用いられる場合には，硬直化を生みやすく，加登（1996，p.72）では，すでに原価企画が制度疲労を起こし始めているという．さらにそれは習慣化によって助長されることになる．

② 習慣化

Fange（1959，邦訳 pp.31-33）によれば，習慣とは，我々が精神的エネルギーを全く使わずに多くの日常の仕事を自動的に遂行してくれる有能な人間の性質をいう．たとえば，もし社会的に受容されている服装の習慣がなければ，服装選びに毎日かなりの時間を無駄にすることになるし，決まり切った挨拶の言葉の習慣がなければ，人に会うたびに何をいうべきかを苦慮することになる．このようなときに，習慣は，考えたり，学んだりする煩わしい活動から人間を解

放してくれるものである．

しかしながら，一方では，習慣はそうした人間の活動を停止させてしまうことにもなる．つまり，習慣が硬直化を生み出す原動力として機能してしまうのである．さらに厄介なことは，一度身に付けた習慣は，なかなか捨て去ることができないことである．それは，習慣を定着させるために，多くの時間とエネルギーを費やしてきたからである．加えて，習慣を変えることは，新たな時間と労力を必要とするだけでなく，今度の新しい習慣が必ずしもうまくいくとは限らず，場合によっては組織を混乱させる恐れもある．

それゆえ，結局これまでの行動が日に日に習慣と化し，習慣を継続する意思決定をしてしまうのである．それに伴い，会計の不可視性によって見えなくなった事柄に徐々に意識が行き届かなくなり，当初に意図した機能とは反対の逆機能を招く危険性があるのである．

③　組織文化

会計の不可視性によって，見えなくなった部分に解釈の余地が入り込むことは上述した通りであるが，解釈はその組織文化によっても変わってくる．組織文化は，その組織によって共有されている思考・行動様式を指すが（木島，2006，p.17），そうした思考・行動様式は，制度化と相互に影響を受けながら醸成され，また，上述したように習慣化によって容易には変容されない部分を強化することになる．

このように，制度化，習慣化，組織文化の相互作用によって硬直化が進み，会計の不可視性による問題を助長する危険性があることは注意すべきである．それらは時の経過に伴い，会計数値が一人歩きを始める原因として作用する．

3．会計の不可視性が原価企画の順機能に及ぼす影響

このような会計の不可視性が，本来であれば，原価企画の中で順機能的に影響を及ぼすことが望まれるが，そのように仕向けるためには，原価計算を次のように利用することが好ましい．

(1) 会計の不可視性がもたらす目標原価の働き

それは主として，次の二つが挙げられる．一つは，原価の利用段階での用い方にある．もう一つは，他の原価計算技法の利用に比べて，目標原価と見積原価との原価差異が大きく算定されることである．それらはうまく用いれば，原価企画の実施目的に有効な効果をもたらす．

① 原価決定段階での原価利用

前者に関しては，原価企画実施の際に，原価の利用の仕方が他の原価計算技法と異なる．この特徴が会計の有する不可視性によって，より多くの効果をもたらしうる．すなわち，原価計算によって算定される目標原価を原価発生段階ではなく，原価の決定段階で利用することで，原価企画の順機能的側面が見出されるのである．

それは原価の決定段階で原価を利用することにより，原価を発生させる要因を徹底的に分析できるからである．と同時に，原価の決定段階で不必要なものを排除することで，実際原価が発生する前に，目標原価の枠内で原価の作り込みが行われるように仕向けることができるからである．その結果，実際原価の発生額を大幅に抑えることが期待できる．

このように原価決定段階での原価の利用は，実際発生額そのものを根本から見直し，実際原価をあるべき目標原価になるよう，コスト低減を図っていくものであり[7]，これは会計数値が物量レベルの数値を不可視化させることによって，既存の機能に囚われることなく思考を促すことを可能にしているのである．

② 市場志向の目標原価

次に後者に関しては，目標原価と見積原価の原価差異が大きく算定されることで，積極的な原価の引き下げに寄与する．原価の引き下げを図るには，現場サイドに偏ることなく，市場への配慮が重要であり，それは競争優位に立つ上でも必要であるが，目標原価に見られる会計の不可視性が，原価の引き下げに寄与している側面が見受けられる．

なぜなら，目標原価は，予定売価から中・長期利益計画の中で示される目標利益を差し引いて設定される（これを控除法という）が，目標原価は，たとえ現場からの情報を基にその調整が行われたとしても，市場を反映した水準に近い目標原価に仕向けていくことが必要で，会計の不可視性は，このことを後押しするからである．

　というのも，既存の技術水準を一旦考慮せずに，すなわち見えなくし，控除法での会計数値によって目標原価を設定してみせることで，競争上の視点から，どの程度既存の技術水準を見直したら良いのかを考えさせるきっかけを会計の不可視性が与えてくれるからである．

③　製造間接費の配賦基準の方法

　また，目標原価の割付に関しても，既存の機能またはそれに伴うコストに応じて原価割付を行うのではなく，物量レベルの属性を見えなくすることで，コスト低減を期待できる．一般に目標原価の割付は難しい．というのも，一律で数％下げた目標原価を割り付けるのか，あるいは，どこにどれだけの目標を課して原価を割り付けるかなど，目標値に対する重みづけは容易ではないからである．

　それは製造間接費の配賦に関しても，その配賦基準に何を使うのか，またその配賦基準が明示されていない場合には，物量数値と会計数値との関係は不明瞭になる．このような原価計算の利用は，実態をより忠実に写像しようとする場合には好ましいものではない．がしかし，一方でコスト低減に目を向けさせようとするのであれば，適切な感もある．たとえば，廣本（1986, p.66），Hiromoto（1988, p.23）では，そのようなより正確な製造原価の算定を目的とする代わりに，部品点数を配賦基準に設定することが提案されている．

　この部品点数を配賦基準とすることで，各部門は部品点数が多ければ多いほど，配賦額を負担することになる．それゆえ，各部門は，部品点数を減らそうと努める．その結果，部品点数が減ることにより，製造，保守，点検のしやすい製品となり，コスト低減が可能になるのである．

　ただ，そもそもこのような製造間接費の配賦が可能であるのは，通常その配

賦がその発生原因となる基準に従って行われるべきとされながらも（Hiromoto, 1988, p.23），実際にはそのような配賦基準が存在しないからである．というのも，製造間接費は直接材料費や加工費以外の全ての製造原価の集合体だからである（加登，1993, p.162）．

したがって，このような原価計算の利用は，実態を見えなくさせることによって目的適合的にすなわちコスト低減目的に合わせた配賦基準の検討を可能にしてくれるのである[8]．

(2) 知識創造の創発

さらに，上述した目標原価と見積原価の原価差異が大きいことが，原価企画実施の際に順機能的に作用しうるという点を深耕すれば，その大きな原価差異は必ずしも埋まるものではない．というのも，原価企画では，目標原価の達成が必達とされながらも，現実には未達の場合も少なくないからである（古賀，2010, p.59；田中ほか，2010a, p.119）．

① 目標原価の未達

未達の原因には，物価上昇等の市況変動，開発設計開始後の機能水準の引き上げ・追加，目標原価・開発日程の厳しすぎ（田中ほか，2010a, p.122）などさまざまな理由が挙げられる．その未達分は，後段階での努力を期待したり，機能調整などを行ったりすることで是認される場合もある．

無論，本来であれば，未達の場合には先にその活動を進めるべきではないし，達成の目途が明らかにならなければ，開発中止という選択肢も考慮に入れなければならない（加藤・望月，2010, p.74）．しかしながら，上述したように，現実では未達であっても，そのような選択はわずかなのである（田中（雅），2002, p.103；田中ほか，2010b, pp.114-115）．

だとすれば，何を期待して原価企画は実施されるのか．それは上述した目標原価と見積原価との原価差異の大きさに関連する．

② 知識創造

原価企画で設定される目標原価のレベルは，非常に高い場合が多く，そのた

め見積原価との原価差異を埋めるには相当の発想転換が必要となる．実は，従業員にこの発想転換を促すことが，原価企画を実施する最大の特徴といえる（加藤・望月，2010, p.73）．

会計の不可視性がゆらぎをもたらし，そのゆらぎが知識創造を創発する．ゆらぎは，会計情報が原単位（物量尺度）から外れて，ゼロベースで検討できる素地を与えてくれるからである．

原価企画は，参加者の知識創造力を本質的構成要素とする活動であるといわれるように（清水，1992, p.133），目標原価の達成には参加者の創造性の発揮が不可欠であり，会計の不可視性によって，その背後に存在する物量数値をみえなくし創造性の広がりを強めているのである．

③　脱三現主義

このように原価計算を原価企画で用いることにより，以上のような効果を期待できるが，それは会計の不可視性が三現主義を打破する役割を果たしてくれるからである．

加登（1996, p.68）では，現場，現物，現実を重視する三現主義は，継続的改善を強化させてくれるが，原価企画にとって時として三現主義が足かせとなると指摘されている．これは現場，現物，現実を重視すればするほど，大胆なコスト低減のアイデアが生まれにくくなりがちになるからである．これに対して，会計の不可視性はそうした実態を見えなくさせていることで，固定観念を除去ないし打ち砕く役割を果たし，原価を引き下げてくれるのである[9]．

4．原価企画の逆機能

これまで見てきたように，原価企画の実施の際に原価計算をうまく利用することで便益がある一方で，それだけをここで論ずるのは，いささか無責任でもある．それは原価計算の利用の仕方如何によっては，逆に企業経営に悪影響を及ぼしかねないからである．原価企画で問題とされる逆機能の多くは，これまで言及してきた目標原価と見積原価との原価差異が埋まらないことで生じる場

合も少なくない．それが会計の不可視性という特徴から，より問題を深刻にしている．

上述したように，原価企画が単なる原価計算技法ではなく，その目標原価を達成する活動をも含んでいることから，その相互関係が重要になり，そのギャップが大きい場合には，原価企画の逆機能が生まれる可能性がある（岡野，1995, p.120）．

ここに原価企画の逆機能とは，原価企画を実施して生じうる意図しないネガティブな結果を意味する．これは現在の諸条件の中で，過度に何かを望むことによって生じる性質のものである．その代表的な要求がコスト低減であることはいうまでもない．

(1) 運用上の問題

原価企画の逆機能は，先に述べたように，運用上の問題であると認識されることが多い[10]．原価企画が総合的利益管理の一環として行われるようになればなるほど，逆機能が顕在化してくるといわれるが（日本会計研究学会，1996, p.91），それは原価企画の運用の仕方が利益管理の一環として行われるようになるほど困難になってくるためである．

また，原価企画の運用の仕方は，先に確認したように，逆機能に拘らず順機能においても影響を及ぼす．そのことは，原価企画を実施する際に同じツールを使用しながらも，成果に大きな差が生じるのはなぜかという問題提起にもなっているし（岩淵，1994, p.30），その実証も行われている（吉田，2003, pp.193-194）．

すなわち，原価企画の成功を左右する要因として，目標原価を達成させるためのツールよりも，原価企画を支援する組織構造，マネジメント・システムおよび組織プロセスの方が重要であることが明らかになっている．そこでは，原価企画の組織的側面つまり運用面に注目する必要性が主張されているのである．

したがって，どのような運用上の不備が原価企画実施の際に存在しているのかを明らかにすることが，逆機能の解決に有効である．

表7-1　原価企画の逆機能

	会計の不可視性が及ぼす影響	原価企画の逆機能
1	過度なコスト低減要請	サプライヤーの疲弊
2		設計担当エンジニアの疲弊
3		組織内コンフリクト
4		地球環境問題の深刻化
5	人間心理	品質（リコール）問題
6		手法依存症候群
7	戦略のミスリード	行き過ぎた顧客志向の弊害
8		価格決定能力の喪失

（注）　また，岡野（2003, pp.162-163）では，原価企画と業績評価を連動させようとすればするほど目標原価の設定水準が緩くなる恐れが指摘されている[11]．さらに，Shields et al.（2000, pp.196-197）では，業績評価が設計担当エンジニアの疲弊に影響を及ぼすことが明らかにされている[12]．
（出所）　加藤（2011, p.120），一部加筆修正により掲載．

(2) 逆機能の種類

これまで指摘されてきた原価企画の逆機能は，およそ表7-1の通り示すことができる．

① 過度なコスト低減要請による逆機能

サプライヤーの疲弊，設計担当エンジニアの疲弊，組織内コンフリクト，地球環境問題の深刻化は，過度なコスト低減を意識し過ぎた余りに生じた現象として捉えられている[13]．

また図7-1のように，上述した逆機能は，相互に関連性を有している．すなわち，過度なコスト低減が要請される中で，その負担がどこに集中するか，あるいは軽減されるのかによって，表出される逆機能は異なってくるのである（加藤，2011, p.127）．

第7章 原価計算の利用の仕方が原価企画の順機能・逆機能に及ぼす影響　147

図7-1　各逆機能の相互関連性

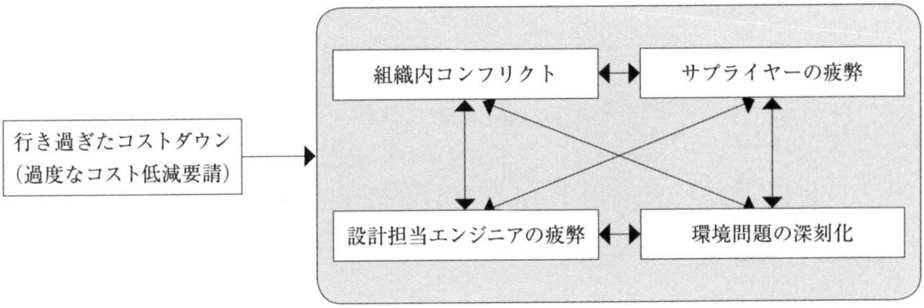

```
                ┌─────────────────────────────────────────────┐
                │  ┌─────────────┐      ┌─────────────┐      │
                │  │組織内コンフリクト│◄────►│サプライヤーの疲弊│      │
行き過ぎたコストダウン  │  └─────────────┘      └─────────────┘      │
（過度なコスト低減要請）──►│        ▲ ╲ ╱ ▲              ▲ ╲ ╱ ▲       │
                │        │  ╳  │              │  ╳  │       │
                │        ▼ ╱ ╲ ▼              ▼ ╱ ╲ ▼       │
                │  ┌─────────────┐      ┌─────────────┐      │
                │  │設計担当エンジニアの疲弊│◄──►│環境問題の深刻化│      │
                │  └─────────────┘      └─────────────┘      │
                └─────────────────────────────────────────────┘
```

（出所）　加藤（2011, p.127）．

② 人間心理への影響による逆機能

　上述した原価企画の逆機能の根本的な原因の一つには，原価企画を導入してから，長い年月が過ぎていることが関係していると指摘されている（加登, 1993, p.289; 1998, p.21；加藤, 2010, p.28; 2011, p.122；日本会計研究学会, 1996, p.94；吉田, 2003, p.31）．というのも，それに伴い，これまでの原価企画による成功からコスト低減の余地が枯渇し始めており，それでも何とか目標原価の達成をしようと考えるからである．

　品質問題や手法依存症候群に関しても，原価企画の実施経過と関連して懸念される逆機能であるが，特に手法依存症候群に関しては，先に述べたような逆機能へ影響を及ぼす過度なコスト低減要請が主な要因というよりも，手法を利用する人間心理に関連した問題である．また，品質問題は，両者の要因，すなわち，図7-2のように，過度なコスト低減要請に伴う各逆機能への影響と人間心理に伴う手法依存症候群とがそれぞれ影響を与えている．

　これは，品質を軽視することは当然企業の存続を危ぶむほどの重要な問題として企業では認識されているため，上述した過度なコスト低減要請に伴う四つの逆機能に比べて時系列的には後になって現れてくると考えられるからである．また，近藤（2007, pp.160-161）によれば，コスト・テーブルのような開発支援のためのツールへの依存度が高ければ高いほど，個々の作業員の思い込

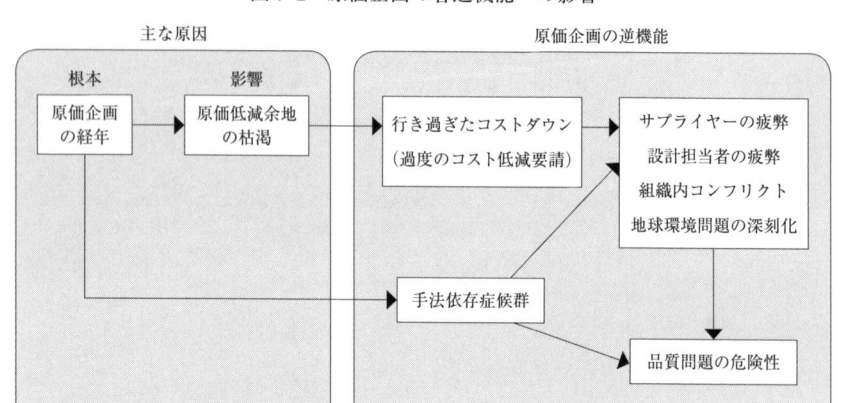

図 7-2　原価企画の各逆機能への影響

主な原因　　　　　　　　　　　　　　原価企画の逆機能

根本：原価企画の経年 → 影響：原価低減余地の枯渇 → 行き過ぎたコストダウン（過度のコスト低減要請） → サプライヤーの疲弊／設計担当者の疲弊／組織内コンフリクト／地球環境問題の深刻化

→ 手法依存症候群 → 品質問題の危険性

（注）　吉田（2003, p.190）では，過度の手法依存症候群が，個人的達成感の喪失や脱人格化につながる可能性があり，設計担当エンジニアの疲弊に影響を及ぼすことが実証されている．
（出所）　加藤（2011, p.135），一部省略．

み，誤解，未確認などの人間特性に属する小さなミスが積み重なってリコールなどの品質問題につながることが指摘されている．このことから，手法依存症候群も品質問題に影響を与えることが窺えるのである．

③　戦略上のミスに関連した逆機能

戦略上のミスによって生じうる逆機能には，行き過ぎた顧客志向の弊害，価格決定能力の喪失が挙げられる．行き過ぎた顧客志向の弊害とは，顧客満足に必要以上の多品種少量生産によって対応することによる，過剰品質，過剰仕様，またそれに伴うコストの増加といった（加登, 1993, pp.290-291；日本会計研究学会, 1996, p.95；吉田, 2003, p.31），顧客満足の誤った定義から生じるコストの増加，およびそのコスト増加分を顧客に負担させてしまう問題である（加藤, 2011, p.131）．

価格決定能力の喪失は，価格が市場で決められる傾向が強くなってきていることから，一部の企業では価格決定権が事実上放棄されているという問題であ

る（加登，1999，p.148）．これは，企業と顧客との製品に対する価値観が異なることから生じる問題である．すなわち，企業は製品を製造するために要した努力つまり原価を基準に捉えているのに対して，顧客側は製品を利用することによって得られる満足を基準に捉えているからである[14]．それゆえ，顧客がその基準を満たしていると判断しなければ製品を購入しないため，価格に対して企業が決められる度合いは小さくなってきている．また，その傾向は原価企画の普及によりますます強まっているといわれる（加登，1999，p.148）．

5．会計の不可視性が原価企画の逆機能に及ぼす影響

上記のように，原価企画の逆機能を会計の不可視性の視点から再整理することにより，会計の不可視性が原価企画の各逆機能に及ぼす影響は，過度なコスト低減要請への影響，人間心理とりわけ手法依存症候群への影響，そして戦略を誤った方向に誘う可能性に識別できる．

(1) 過度なコスト低減要請への影響

まず過度なコスト低減要請への影響に関しては，会計の不可視性によって，目標原価の設定水準を押し上げる可能性がある．それは原価企画では目標原価は，主として既存製品をベースに改善額を織り込んで設定する方法ではなく，予定売価から目標利益を差し引いて設定されるからである．

この目標利益の算定の基礎となる中・長期利益計画には，その性格上，実態を明示してというよりは，むしろ若干は，希望的観測に基づくものが含まれるため（加登，1998，p.21），それに応じて目標原価のレベルが高く設定されることになるからである．

① 目標原価の達成

ただし，そうした目標原価の達成は困難である．というのも，それは一つには目標原価の設定とその達成の方法が異なるからである．つまり，目標原価を設定する原価計算技法それ自体が問題を解決してくれる道具ではないからであ

る．その目標原価の達成には別の方法が必要になる．がしかし，多くの企業では，原価企画を導入してから長い年月が経ち，これまで役立ってきた原価引き下げの考えはすでに出尽くしている（加登，1998，p.21）．

さらに，追い打ちをかけるように，会計の不可視性が，設定された原価企画対象費目の範囲内で目標原価の達成の検討を促しうる．それは，他の対象外費目でコスト低減余地の可能性を探った方が好ましい場合であっても，会計の不可視性がそれを意識させてくれないからである．

そのために，原価企画の対象費目の中心である直接費，とりわけ部品原価に対して，コスト低減の可能性を見つけ出そうとし，時に過剰なコスト低減要請となる（加藤，2010，p.42）[15]．それに伴い，サプライヤーの疲弊などの逆機能が引き起こされかねない状況を引き起こしうるのである[16]．

② 会計数値の解釈

また，時の経過に伴い，会計数値が一人歩きを始めることがこの逆機能の問題を深刻化させている．会計数値が算定された当初には意図された解釈が存在した．しかしながら，それは，不可視性が存在するために，言葉のように文脈から判断される性質のものであり[17]，そこから離れて，その会計数値が使用され始めると，さまざまな解釈が状況または自己の組織でなされ，ゲーミングの要素が増す．そして，力関係によって，会計数値の解釈が定まり，上述した各逆機能の引き金となりうる．

とすれば，解釈の余地を生まない会計情報の提供が求められる．がしかし，それは会計に不可視性の存在があるため，非常に難しい．ただし，そうしたことに注意するだけでも，しないよりは効果があるのかもしれない．

(2) 手法依存症候群への影響

そして，人間心理に及ぼす会計の不可視性に関しては，次のことが挙げられる．それは，原価企画を実施するにつれて，システムやツールが洗練されてくると次第にこれらに依存するようになり始め，創造的な能力が失われてくる問題である（加登，1998，p.22）．

① 制度疲労

これは手法依存症候群といわれるが，同様に，原価計算技法が制度化され，習慣化されれば，会計の不可視性に伴う解釈の余地によって，当初には意図していなかった結果，すなわち逆機能を積極的に生み出す「装置」となってしまうことが指摘されている（岡野，1992a，p.105）．それは，伊丹・加護野（2003，p.343）の言葉を借りれば，人間の弱さと誤解に原因の一端があるように思われる[18]．

というのも，一旦指針のようなものができると（すなわち，原価計算技法が制度化されると），その指針（制度）ではすでに具合が悪くなりかかっていると知っていても，それに代わるものが出てこない限り，それにしがみつく人間の弱さ，また，習慣化を変えられない人間の弱さが，その制度への固執を生じさせるからである．

さらに，人間の弱さは，原価計算技法が制度化されることを推し進め，原価計算技法の誤った利用を促進させる危険性もある．なぜなら，人は複雑な現実の中に無理やりにでも秩序らしいもの（制度）を作って安心しようするからである．加えて厄介なのが，人間の弱さが，原価計算数値からは明示されていないために分析できないはずなのに，そのことにまで分析したがる傾向を生じさせるからである（伊丹・加護野，2003，p.343）．

このことは，原価計算に負えない役割まで負わせようとしていることを予感させ，その配慮を怠ると，制度疲労の中でますますそうした装置として，原価計算が機能することを助長させかねないのである．

② 図面上での不可視性

また，不可視性を有する目標原価を設計図上での目標値として使用する際には，注意が必要である．というのも，そうした部品ごとに展開された目標原価では，図面上で作り込むことが困難であったり，作り込んだ結果の評価がしがたいからである（門田，1996，p.72）．

しかしながら，ともすれば人はそのことを忘れがちである．たとえばCAD（Computer-Aided Design）を用いて金型を設計し，一般的には，その図面はその

ままメールで送信されることも少なくない．このようにその金型製造を現場，特に外部のサプライヤーに依頼する際には，次のような問題が起こりうる．それは，現場で強度が気になったりする場合や，そのような設計図面ではメンテナンスが多く必要になり，事後的なコスト増加につながりかねないことである．

これは現場をベースに設計するよりも，むしろCADによるコンピュータ上で設計した図面を，そのままメールで送信して製造に取り組んでもらおうと考えているからである．そこには，コンピュータ上では問題となっていなかった目標原価の達成という会計数値が，意識の中にあることで，それを助長する可能性がある．

以上のように，過度なコスト低減要請に伴う各逆機能や，手法依存症候群による影響にうまく対処できなければ，それに応じて，図7-2に示したように，製品品質を大きく貧弱化させる懸念がある．

(3) 戦略への影響

また，戦略上のミスに関連した逆機能とされる，行き過ぎた顧客志向の弊害，価格決定能力の喪失にも，会計の不可視性は関わっている．

① 製品コンセプトの置き去り

繰り返し強調するように，企業にとって顧客満足は，生存・発展を左右しかねない重要な戦略的要因である．にも拘らず，顧客満足を反映した製品コンセプトを実現できないことも少なくない．実は，原価企画における会計の不可視性が，製品開発当初に掲げた製品コンセプトの実現を阻害している可能性がある．

吉田（2003, pp.191-192, p.203）によれば，原価企画に長年取り組みシステムが整った企業では，製品コスト，製品品質，機能性および納期は，概して明確な設計目標が設定されるため，タイトな管理システムが整備されると，設計担当エンジニアは明確なこれらの管理対象に注意を払い過ぎるようになる．そのため，開発設計プロセスを経る中で，製品コンセプトの実現という本質的な目

標をその視界の外に置き去りにしてしまうという．

　まさにこれは，数値化によって見えなくなってしまったものに注意が行き届きづらくなる例であり，このような場合には会計数値を利用する際に注意が必要である．

　② 挑戦的な価格決定権の放棄

　加えて，原価企画では，目標原価の設定が価格決定能力を失墜させ，さらに会計の不可視性がそれを強固なものにしていることも見過ごすべきではない．というのも，原価企画では市場で決められる販売価格を所与とし，その販売価格から企業が望む利益を差し引いて，目標原価が設定されるからである．

　このように販売価格を予め決めてしまうことで，戦略的な製品開発を行う機会を減少させ（加登, 1999, p.149），結果，どの企業から出される新製品も低価格で高品質なものの，差別化がにわかに認識しがたく，さらなる価格競争に陥りかねない（加藤, 2011, p.133）．

　販売価格，目標原価の設定が，会計数値から行われることで，さらにコストをかけて顧客の新たなニーズを掘り起こすためにどの機能を追加するかであるとか，自社内で開発中の素材，部品があって，それが多少コストがかかったとしても，高価格で製品価格を設定して市場開拓を試みようとする行動を消極的にさせている．というのも，会計数値には，そうした顧客ニーズの掘り起こしや，市場へ挑戦的に行動しようとするものが明示されていないからである．

　それゆえに，原価企画を実施している企業では，そのような挑戦的な価格決定権を事実上，放棄しているとさえ指摘されているのである（加登, 1999, p.148）．また，そうした挑戦的な価格決定権を放棄しているのは，競合他社に対抗して市場に新製品を投じ続けることが，企業の存続・発展につながると捉えているからとも考えられるが（加藤・望月, 2010, p.75），そう捉えた場合には，販売価格や目標原価といった会計数値に目が向き，そこに明示されない内容に配慮が行き届きづらくなっているのかもしれない．

6. まとめ

本章では，会計の不可視性の概念を手掛かりに，原価計算をどのように利用する際に会計の不可視性が原価企画の順機能あるいは逆機能に影響を及ぼすのかを検討してきた．その結果，原価計算を経営管理や評価に利用する場合に，良くも悪くも原価企画の実施に影響を与えていることが明らかになった．

具体的には，目標原価と見積原価との原価差異が大きく算定されることで，その原価差異を埋める活動を行う際に，会計の不可視性により既存の機能，物量数値，技術を見えなくさせていることで，それらに囚われない思考を促しコスト低減を図れるという順機能的側面を確認した．

と同時に，会計の不可視性が原価企画の逆機能を生じさせかねない状態を作り出していることが分かった．それは，時の経過とともに会計数値に解釈の余地が加わり始め，さらに原価計算が制度化，習慣化されることで硬直化をもたらし，ゲーミングの要素が増す傾向にある．さらにそうしたことに注意が行き届かなくなっているのは，コスト低減余地が枯渇し始めてきたことに関係が深いことは重要な点である．

また最近では，サプライヤーへの原価企画導入の検討が進展しつつあるが（加藤，2011；2013；山本，2013），その導入を不可視性を有する原価計算が阻害している可能性が明らかになったことは非常に興味深い．すなわち，原価計算が原価企画対象費目の拡大を抑止し，サプライヤーへの原価企画を進めようとする試みを阻害している点が分かったことにより，今後，原価計算利用の再検討をより深く行っていく必要があるといえよう．

加えて，本章では，会計の不可視性以外の原価計算の有する特徴が，原価企画の順機能・逆機能に及ぼす影響については，ほとんど検討しきれていない．これは今後の課題としたい．

（付記）　本章は，科学研究費助成事業（学術研究助成基金助成金）（若手研究（B）課題番号23730434）による助成を受けてまとめた成果の一部である．

1) Hope and Fraser（2003, p.11）によれば，予算の逆機能も運用上の問題と指摘されている．
2) 原価企画の概念，および，原価企画が活動と位置づけられながらも管理会計の研究領域として捉えられていることに関しては，加藤（2009, p.100）を参照されたい．
3) 原価企画実施の効果を扱った管理会計研究は枚挙に暇がない．その文献の一覧については，たとえば日本会計研究学会（1996）の巻末を参照されたい．
4) 会計の不可視性がプロジェクト予算に及ぼす影響も指摘されている．金井・岸良（2009, p.150）では，金額の高い部材や材料を使うと予算の消化率は高まり，プロジェクトの予算上は進行したように見受けられる．が一方で，プロジェクトの多くの問題は，顧客や上司の判断遅れ，関係者との調整作業など，外部に起因することが多く，予算執行に対して必ずしも進行できているとはいいがたい状況がある．このような最も重要な点が予算という会計数値では表現されず，金額だけを見る場合には大きな落とし穴になると指摘されている．実際のプロジェクト進捗度が予算という会計数値から見えないことから，予算の利用にはその進捗度を可視化できる指標との併用が必要である．
5) 企業経営において重要な点は，原価計算から算定される数値そのものではなく，その数値が何を意味しているかである．このことは言葉と同様である．言葉においても，文脈，状況に応じて多彩な意味合いを含む．我々は，言葉と同様に原価計算数値に埋もれた意味合いに注意を払う必要がある．時にそれは，会計の不可視性として順機能的にあるいは逆機能的に企業経営を誘うことになる．
6) このことは本章の対象とする原価企画のほか，標準原価計算（岡野，1995, pp.70-84），予算管理（Hope and Fraser, 2003, p.16）といった原価計算・管理会計技法でも指摘されている．
7) 原価計算は，Chapman（2012, p.27）が指摘するように，仕事の仕方を提案するものといえる．すなわち，何が安いか，高いかを示し，それによってプロセス自体を変えていくよう仕向けるのが原価計算である．
8) 岡野（1995, pp.8-9）においても，原価企画実施の際に製造間接費の配賦基準を明示せずにコスト・テーブルの中に織り込み，日常の設計業務の中で用いることによって，設計者のみならず，技術・生産技術・購買などの各部門目の中に経理部門（ひいては経営者）の「規律的権力（パワー）」を暗黙的に浸透させることができると指摘されている．
9) この他に会計の不可視性が及ぼす原価企画の順機能としては，情報共有の促進が挙げられる．タイトな目標原価と見積原価との原価差異をどのようにして埋めて目標原価を達成できるかを考える際に，部門間を越えた議論を推し進める役割を果たすからである．
10) 原価企画の採用が必然的に逆機能を生じさせると指摘される場合の「必然」の解

釈については，加藤（2010, pp.38-39）を参照されたい．
11) 原価企画と業績評価との連動による問題に関しては，これまでの原価企画の逆機能の枠内に含めるべきか議論の余地があるが，そのつながりを強めることは，現時点ではこのように目標原価の精度の低下をもたらす危険性があり，競争優位の確保を阻害しうる．
12) 目標原価を達成しようとする場合に多く実施される，部品の共通化・標準化に伴うデメリットも指摘されている．Desai et al.（2001, p.44）では，グレードの異なるセグメントの部品を共通化すると，製品の差別化の程度が薄らぐため，収益が低下してしまう恐れがあると指摘されている．また，諸藤（2009, p.47）では，部品の標準化によって新製品開発時に既成部品を使用する意思決定をすれば新しい技術を導入する機会を失い，結果として長期的には製品の競争力が弱くなってしまうことが懸念されている．
13) 吉田（2003, p.32）では，厳しいコスト低減要請に伴って生じる安全性の軽視，地球環境問題の深刻化（伊藤，2001, pp.160-162）の問題が，コストダウンの弊害として捉えられている．ただし，そうしたコストダウンの弊害は，安全性や地球環境問題の深刻化に限らず，コスト低減目標を割り当てられた担当者や部門，さらには関係企業にも影響を与えるものであるから，それらに関連する逆機能の生じる要因の一つとも考えられる．換言すれば，過度なコスト低減要請から引き起こされる逆機能という点で，それらの逆機能は共通しているのである（加藤，2011, p.121）．したがって，本章もこれを基礎とする．
14) このような指摘は，Goldratt（1994, 邦訳pp.172-173）でもされている．
15) そのために，加藤（2011, pp.140-141）では，サプライヤーへのコスト競争力を強めるためにサプライヤー自身も原価企画の導入を進めるよう主張されており，これを受けて，加藤（2013）では，そうしたサプライヤーにどのような条件が整備されていれば原価企画を導入できるかが提案されているのである．
16) 岩淵（1993, p.184）は「原価企画はいまだ素材費を中心としたVEがその本質であると考えたならば，日本企業における当該活動の成功要因は，パーツの高い外注比率を前提としたいわゆる下請けいじめの上に成り立つという見方も可能であろう」と指摘している．このことは，会計の不可視性が原価企画の対象外費目に目を向けさせようとせずに，依然として原価企画の対象費目内で目標原価が達成できると思わせてしまいうるからである．ただし，そこでは，高度な技術のグループ間の移転により，協力工場自体が優れた開発力ないし技術力を保有するに至るという図式が散見できる以上，ネガティブな側面のみが強調されるべきではないとも指摘されている．
17) 言葉は，操作性が高く，人は言葉を操って思考し，推理するために，現在という時間を離れ，また，ここという場所を離れた世界を想像することができる（春木，

2011, p.54). 同様に, 会計数値も操作性が高く, 人は会計数値を操って思考・推理し, 現実という時間軸から離れた世界から将来の自社を想像することができる.
18) 伊丹・加護野 (2003, pp.342-344) では, 人間の弱さと誤解によって, 計画とコントロールの逆機能が生じることが指摘されている.

参考文献

伊丹敬之・加護野忠男 (2003)『ゼミナール経営学入門第3版』日本経済新聞社.
伊藤嘉博 (2001)『管理会計のパースペクティブ』上智大学出版会.
岩淵吉秀 (1993)「日本的原価管理としての原価企画」甲南大学経営学会編『現代企業とマーケティングの諸問題』(甲南経営研究, 第33巻第3・4号) 千倉書房, 169-188.
岩淵吉秀 (1994)「原価企画における場のマネジメント」『会計』第146巻第3号, 29-40.
岡野浩 (1992a)「管理会計研究の再構築:「理論と実務とのギャップ」を越えて」『経営研究』(大阪市立大学) 第42巻第5・6号, 99-110.
岡野浩 (1992b)「管理会計における不可視性」『原価計算研究』第17巻第2号, 56-64.
岡野浩 (1995)『日本的管理会計の展開:「原価企画」への歴史的視座』中央経済社.
岡野浩 (2003)『グローバル戦略会計:製品開発コストマネジメントの国際比較』有斐閣.
岡野浩 (2004)「日本的管理会計の変容:社会的・制度的アプローチからみた原価企画」『会計』第166巻第5号, 66-76.
岡本真一郎 (2013)『言語の社会心理学:伝えたいことは伝わるのか』中央公論新社.
加登豊 (1993)『原価企画:戦略的コストマネジメント』日本経済新聞社.
加登豊 (1994)「原価企画研究の今日的課題」『国民経済雑誌』(神戸大学) 第169巻第5号, 61-80.
加登豊 (1996)「原価企画の現状と課題:日本と欧米の比較」『品質管理』第47巻第2号, 67-75.
加登豊 (1998)「原価企画による戦略的コスト・マネジメントの課題」『品質』第28巻第2号, 20-26.
加登豊 (1999)『管理会計入門』日本経済新聞社.
加藤典生 (2009)「原価企画と直接原価計算の結合可能性に関する一考察:サプライヤーの疲弊問題との関係から」『商学論纂』(中央大学) 第50巻第5・6号, 97-121.
加藤典生 (2010)「原価企画におけるサプライヤーの疲弊問題の論点」『経済論集』(大分大学) 第62巻第1号, 23-49.

加藤典生 (2011)「競争優位を獲得するための原価企画研究の課題:逆機能に焦点を当てて」『経済論集』(大分大学) 第 63 巻第 4 号, 117-146.

加藤典生 (2013)「サプライヤーにおける原価企画導入問題:サプライヤーの疲弊軽減とコスト競争力向上を中心に」『産業経理』第 73 巻第 1 号, 93-101.

加藤典生・望月信幸 (2010)「原価企画に求められる役割期待の多様化:意思決定支援機能が及ぼす業績評価とサプライヤーの疲弊問題への影響」『企業会計』第 62 巻第 12 号, 73-80.

金井壽宏・岸良裕司 (2009)『過剰管理の処方箋』かんき出版.

木島淑孝 (1992)『原価計算制度論』中央経済社.

木島淑孝 (1993)「企業環境の変化と直接原価計算」中央大学企業研究所編『情報社会の管理会計』中央大学出版部, 49-71.

木島淑孝 (2006)「文化と組織と会計」木島淑孝編『組織文化と管理会計システム』中央大学出版部, 3-20.

古賀健太郎 (2010)「管理会計とイノベーション:意思決定を支援するためのインターアクティブ・コンロール」『会計』第 177 巻第 2 号, 47-61.

近藤隆史 (2007)「わが国における自動車リコールと原価企画の関係」『経営と経済』(長崎大学) 第 87 巻第 3 号, 137-168.

清水信匡 (1992)「原価企画活動における目標原価情報と知識創造活動の関係」『産業経理』第 51 巻第 4 号, 132-140.

田中隆雄 (1994)「原価企画の基本モデル:トヨタの原価企画を参考に」『会計』第 145 巻第 6 号, 1-19.

田中雅康 (1995)『原価企画の理論と実践』中央経済社.

田中雅康 (2002)「原価の相対的重要度と原価低減策」『企業会計』第 54 巻第 2 号, 97-104.

田中雅康・田中潔・大槻晴海・井上善博 (2010a)「目標製造原価の達成管理」『企業会計』第 62 巻第 5 号, 114-123.

田中雅康・田中潔・大槻晴海・井上善博 (2010b)「目標製造原価達成の手段・方策と原価見積」『企業会計』第 62 巻第 6 号, 111-123.

Chapman, C. (2012)「活動基準原価計算 (ABC):理論と実践を結びつける」『メルコ管理会計研究』第 5 号-II, 22-28.

日本会計研究学会 (1996)『原価企画研究の課題』森山書店.

春木豊 (2011)『動きが心をつくる:身体心理学への招待』講談社.

廣本敏郎 (1986)「わが国製造企業の管理会計:1 つの覚書」『ビジネス レビュー』(一橋大学) 第 33 巻第 4 号, 64-77.

藤本隆宏 (2001)『生産マネジメント入門 II:生産資源・技術管理編』日本経済新聞社.

諸藤裕美 (2009)「複数プロジェクトを対象とした原価企画システム」『会計』第 175

巻第6号, 44-55.
門田安弘 (1996)「自動車産業の原価企画:自動車メーカーと部品メーカーの原価企画スケジュールの関係づけ」『品質管理』第47巻第4号, 66-72.
山本浩二 (2013)「自社開発設計しない部品サプライヤーにおける原価企画」『会計』第183巻第4号, 50-64.
吉田栄介 (2003)『持続的競争優位をもたらす原価企画能力』中央経済社.
Desai, P., S. Kekre, S. Radhakrishnan and K. Srinivasan (2001), "Product Differentiation and Commonality in Design: Balancing Revenue and Cost Drivers," *Management Science*, Vol.47, No.1, 37-51.
Fange, E. K. V. (1959), *Professional Creativity*, Prentice-Hall, Englewood, CO. (加藤八千代・岡村和子訳『創造性の開発:技術者のために』岩波書店, 1963年)
Goldratt, E. M. (1994), *It's Not Luck*, The North River Press, Great Barrington, MA. (三本木亮訳『ザ・ゴール2:思考プロセス』ダイヤモンド社, 2002年)
Hiromoto, T. (1988), "Another Hidden Edge: Japanese Management Accounting," *Harvard Business Review*, July-August, 22-26.
Hope, J. and R. Fraser (2003), *Beyond Budgeting: How Managers Can Break Free from the Annual Performance Trap*, Harvard Business School Press, Boston, MA. (清水孝監訳『脱予算経営』生産性出版, 2005年)
Shields, M. D., F. J. Deng and Y. Kato (2000), "The Design and Effects of Control Systems: Tests of Direct-and Indirect-Effects Models," *Accounting, Organizations and Society*, Vol.25, No.2, 185-202.

執筆者紹介（執筆順）

木島 淑孝	研究員・中央大学商学部教授
田代 景子	客員研究員・常葉大学経営学部准教授
渡辺 岳夫	研究員・中央大学商学部准教授
堀内 恵	研究員・中央大学商学部准教授
櫻井 康弘	客員研究員・専修大学商学部准教授
岸田 隆行	客員研究員・駒澤大学経営学部准教授
加藤 典生	客員研究員・大分大学経済学部准教授

原価計算制度の回顧と展望

中央大学企業研究所研究叢書　33

2014年2月25日　初版第1刷発行

編著者　木島　淑孝
発行者　中央大学出版部
代表者　遠山　曉

発行所　〒192-0393　東京都八王子市東中野742-1
電話 042(674)2351　FAX 042(674)2354
http://www.2.chuo-u.ac.jp/up/

中央大学出版部

© 2014　　　　　　　　　　　　　　㈱平河工業社

ISBN978-4-8057-3232-8